Carlos Reviejo / Eduardo Soler

CANTO Y CUENTO
Antología poética para niños

Premio Nacional al libro mejor editado
en el año 1997 en la modalidad infantil y juvenil

Manifestamos nuestro agradecimiento a Mirta Aguirre, Rafael Alberti, Dora Alonso, Efraín Barquero, Esteban Buñuel, Julia Calzadilla, Carlos Carrillo Valdés, Lucía Condal, Jaime Ferrán, Gloria Fuertes, Amparo Gastón, Antonio Gómez Yebra, José González Torices, José Agustín Goytisolo, Melania Guerra, Altenor Guerrero, Óscar Jara Azócar, Concha Lagos, Victoria Martín Almagro, Aurora Medina, Rafael Morales, Antonio Murciano, Carlos Murciano, Emma Pérez, Marina Romero, Ana María Romero Yebra, Apuleyo Soto, Pura Vázquez, y a los herederos de Dámaso Alonso, Carlos Baella, Alejandro Casona, Gabriel Celaya, Carmen Conde, Gerardo Diego, Eugenio d'Ors, León Felipe, Ángela Figuera Aymerich, Federico García Lorca, Joaquín González Estrada, Nicolás Guillén, Fundación "Miguel Hernández", José Luis Hidalgo, Juan Ramón Jiménez, Yolanda Lleonart, Dulce María Loynaz, Antonio Machado, Manuel Machado, Pablo Neruda, Juan Rejano, Luis Rivero Blanes, Alfonsina Storni, José Sebastián Tallón, Miguel de Unamuno, Adriano del Valle, Javier Villafañe y Celia Viñas, que nos han autorizado a reproducir los poemas de los que son autores/as y/o de cuyos derechos son beneficiarios. También hacemos extensivo nuestro reconocimiento, aunque hasta el momento de la publicación de esta antología no hayamos recibido respuesta o, en algún caso, no nos haya sido posible saber a quién hacer llegar nuestra petición de autorización, a los autores Miguel Benzo Maestre, Morita Carrillo, Camilo José Cela, Ester Feliciano, Marcos Leibovich, Fernando Luján, V. M. Pérez Perozo, Ida Réboli, María Elena Walsh, y a los herederos de Germán Berdiales, Gabriela Mistral, María Luz Morales, Federico Muelas, María Mulet, María Luisa Muñoz Buendía, R. Olivares Figueroa, Blas de Otero, Salvador Rueda y Pedro Salinas.

© Mirta Aguirre, Rafael Alberti, Dámaso Alonso, Dora Alonso, Carlos Barella, Efraín Barquero, Miguel Benzo Maestre, Germán Berdiales, Esteban Buñuel, Julia Calzadilla, Carlos Carrillo Valdés, Morita Carrillo, Alejandro Casona, Camilo José Cela, Gabriel Celaya, Lucía Condal, Carmen Conde, Gerardo Diego, Eugenio d'Ors, Ester Feliciano, Jaime Ferrán, Ángela Figuera Aymerich, Gloria Fuertes, Federico García Lorca, Amparo Gastón, Antonio Gómez Yebra, Joaquín González Estrada, José González Torices, José Agustín Goytisolo, Melania Guerra, Altenor Guerrero, Nicolás Guillén, Miguel Hernández, José Luis Hidalgo, Óscar Jara Azócar, Juan Ramón Jiménez, Concha Lagos, Marcos Leibovich, Yolanda Lleonart, Dulce María Loynaz, Fernando Luján, Antonio Machado, Manuel Machado, Victoria Martín Almagro, Aurora Medina, Gabriela Mistral, María Luz Morales, Rafael Morales, Federico Muelas, María Mulet, María Luisa Muñoz Buendía, Antonio Murciano, Carlos Murciano, R. Olivares Figueroa, Blas de Otero, Emma Pérez, V. M. Pérez Perozo, Ida Réboli, Juan Rejano, Carlos Reviejo Hernández, Luis Rivero Blanes, Ana María Romero Yebra, Salvador Rueda, Eduardo Soler Fiérrez, Apuleyo Soto, Alfonsina Storni, José Sebastián Tallón, Miguel de Unamuno, Adriano del Valle, Pura Vázquez, Javier Villafañe, Celia Viñas, María Elena Walsh. Herederos de: León Felipe, Pedro Salinas y Fundación "Pablo Neruda".
De los poemas.

1.ª edición: octubre de 1997
2.ª edición, revisada: marzo de 1998
3.ª edición: diciembre de 1998
4.ª edición: junio de 1999
5.ª edición: abril de 2000
6.ª edición: enero de 2001
7.ª edición: enero de 2002

© Carlos Reviejo y Eduardo Soler Fiérrez
De la selección, introducción y notas.

Dirección editorial: María Castillo
Coordinación técnica: Teresa Tellechea

Diseño de cubierta: Alfonso Ruano, Sofía Balzola, Maritxu Eizaguirre

© Ediciones SM, 1997
Joaquín Turina, 39 - 28044 Madrid

Comercializa: CESMA, SA - Aguacate, 43 - 28044 Madrid

ISBN: 84-348-5664-6
Depósito legal: M-517-2002
Preimpresión: Grafilia, SL
Impreso en España/Printed in Spain
Brosmac - Ctra. de Villaviciosa de Odón a Móstoles, km 1 - Madrid

Presentación

———o———

Éstos son poemas para que les lleguen a las niñas y a los niños por boca de sus padres, de sus abuelos o de sus maestros; son poemas para escuchar, para que palabra a palabra, verso a verso, vayan calando en sus destinatarios y les vayan ganando para la poesía.

No cabe duda de que estas variadas lecturas —cuentos cantados y cantos contados— dejarán en sus oyentes una huella perdurable al prender el mundo o, mejor, su mundo, con las fórmulas que ellas contienen, de ahí que supongan el mejor despertar para los hablantes de una lengua. Luego, sin pensarlo, las aplicarán en las más variadas ocasiones para expresar los sentimientos o para utilizarlas como juguetes hechos exclusivamente de palabras.

Los autores seleccionados son variadísimos y los poemas abundantes, porque abundantísima es la producción poética en lengua española para la infancia y el criterio conductor de toda la antología ha sido que sus textos puedan captar la atención de los destinatarios y les hagan disfrutar de las posibilidades de la poesía.

Los que lean estos poemas a los niños tienen que saber vivirlos, trasmitiendo las mismas sensaciones buscadas por sus autores; vivirlos y recrearlos, descubriendo con todas las posibilidades de la lectura el misterio que encierran. El lector en este caso se convierte en un cómplice del autor, en un mediador entre él y los niños, al poner voz a la letra escrita para contar y cantar y atraerse así a los que le escuchan.

¿No es ésta la mejor forma para ir haciendo lectores, para llevar a los niños al mundo mágico de la poesía e irles descubriendo la belleza de la lengua que hablan?

———○———

[8]

María-Luisa Giner de los Ríos y Díez-Canedo.

Mi querida y vieja amiga: ¡cómo pasan los años! ¡Quién te ha visto y quién te ve!... Te han salido los dientes y se te han caído las trenzas... Antes contabas los años con los dedos de las manos. Yo te conocí cuando los contabas con el dedo meñique. Todavía cuando te fuiste a Chile te sobraban dedos para llevar la cuenta. Ahora, tienes que escribir tus once años con dos anzuelos: 11; o con dos estacas: 11; o con dos trenzas cortadas: ₹₹... en fin, que te ha salido el tiempo como dos colmillos: 88. ¡Terrible cosa son los años!... Además, te ha salido un álbum como un tumor de vanidad, para que te escriban tus amigos los poetas, pequeños y gloriosos madrigales en lugar de cuenteci llos... porque tú tienes más amigos poetas que Margarita y Violante...

Sin embargo, para que esos poetas pudiesen convertir los cuentos en madrigales no debiste haberte cortado nunca las trenzas. Todos pensabamos que tú eras una pequeña Isolda que estabas creciendo para ser la prometida de un Rey. Y yo siempre supuse que las golondrinas, amigas de Tristán, te habían arrancado y se habían llevado ya en el pico, una hebra de oro de aquellas trenzas tuyas antiguas ... ¿Te acuerdas como fué aquello de Tristán, del rey Marco y del cabello que dejaron caer entre los dos, en un crepúsculo dorado, junto al mar de Tintajel, dos golondrinas mensajeras?... Es un cuento viejo y lento en el que se refiere que aquel cabello vino a posarse en la barba cana del rey, y que el rey tomándolo entre los dedos, dijo:

"Me casaré con la mujer de cuyas trenzas se ha desprendido esta hebra de oro".

Y Tristán que amaba al rey como a tu padre, se fué a buscar el sol de donde había salido aquel rayito de luz.

Después de mucho navegar, Tristán encontró a Isolda ☀ ... Y el cuento sigue —

Es largo, largo, largo Como las trenzas rubias de una novia germana...

[10]

Pero he aquí que este cuento ya no podrá contarse nunca, porque todas las Isoldas del mundo se han cortado las trenzas de oro, como tú, y las golondrinas ya no tienen nada que hacer en el Reino del Amor, donde los cuentos ingenuos e infantiles se convertían un día en luminosos madrigales.----

Bueno, bueno; adiós, ¡Adiós!, me voy, me voy que me espera el silencio.

León-Felipe

Mex. Agosto. 1955.

LA FELICIDAD

———○———

*¡Mira la amapola
por el verdeazul!
Y la nube buena,
redonda de luz.
¡Mira el chopo alegre
en el verdeazul!
Y el mirlo feliz
con toda la luz.
¡Mira el alma nueva
entre el verdeazul!*

Juan Ramón Jiménez

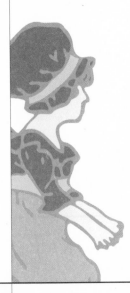

[12]

La ronda de los niños

[14]

1. *El mundo de la infancia se nutre de sueños, de juegos, de canciones, de risas… A través de la poesía y el ritmo, los más pequeños encontrarán su voz en la de los poetas que han escrito para ellos.*

[1 5]

[16]

CANCIONES PARA LOS NIÑOS
(fragmentos)

———○———

La luna se ha puesto
pico de escayola,
alas de azucena
y una linda cola.

La luna se ha puesto
traje de paloma.

Paloma torcaz.
La luna brilla en el cielo
por la paz.

A la rueda rueda
del pipirigayo.

Niños de la tierra,
unid vuestras manos.

A la rueda rueda
del ajonjolí.

Unid vuestras manos
para no morir.

A la rueda rueda
del miramelindo.

Si la guerra viene
morirán los niños.

A la rueda rueda
que no rueda más.

Paz para los niños.
Paz.

Juan Rejano

En tus brazos

―――◦―――

Mamita, mamita,
si tú fueses árbol,
tu hijito en tus ramas
quisiera ser pájaro.

Si tú fueses río
que al mar va cantando,
tu hijito en tus aguas
quisiera ser barco.

Mamita, mamita,
si fueses un río
o fueses un árbol,
tú me acunarías
igual en tus brazos.

Germán Berdiales

[18]

Dialoguillo de la Virgen de marzo y el Niño
(Santo Domingo de Silos)

―――◦―――

¡Tan bonito como está,
madre, el jardín, tan bonito!
¡Déjame bajar a él!

—¿Para qué?
—Para dar un paseíto.
—Y, mientras, sin ti, ¿qué haré?

—Baja tú a los ventanales.
Dos blancas malvas reales
en tu seno prenderé.
¡Déjame bajar, que quiero,
madre, ser tu jardinero!

Rafael Alberti

TENGO UN REMOLINO

Tengo un remolino
requetemolino
que, si me descuido,
me sube hasta el pino.

Lo peino repeino,
le pongo gomina
y, en vez de agacharse,
parece de espinas.

¿Sabes qué te digo?
No me peino más.
Ya que tengo hélice,
hay que aprovechar.

Podré ir a las torres,
tocar las campanas.
Cogeré la fruta
de la última rama.

Con mi remolino
subiré hasta el cielo.
Si me ves, saluda.
Me voy. ¡Hasta luego...!

Victoria Martín Almagro

[19]

EL NIÑO MUDO

El niño busca su voz.
(La tenía el rey de los grillos.)
En una gota de agua
buscaba su voz el niño.

No la quiero para hablar;
me haré con ella un anillo
que llevará mi silencio
en su dedo pequeñito.

En una gota de agua
buscaba su voz el niño.

(La voz cautiva, a lo lejos,
se ponía un traje de grillo.)

Federico García Lorca

ANTOJOS

———o———

—Mamá, yo quiero la luna...
—Hijo mío, está muy alta...

—Mamá, yo quiero un caballo...
—Hijo, si no tienes cuadra...

—Mamá, quiero un pececito...
—¿Y quién lo saca del agua?...

—Mamá, yo quiero una piedra...
—Eso, sí... Ten dos, y calla.

Ángela Figuera Aymerich

[20]

YO TENGO UN LAZO AZUL

———o———

Yo tengo un lazo azul
todo de seda.
Mamá me lo compró
en una tienda.

Yo tengo una flor blanca,
toda de raso.
Papá me la cogió
al ir al campo.

El agua me ha deshecho
la flor y el lazo.
¡Yo lloro por la flor,
la flor del campo!

José Luis Hidalgo

EPIGRAMA INFANTIL

———o———

—Mamá, me duele este diente
y me lo quiero quitar.

—Pues iremos al dentista,
hijo, y te lo sacará.

—Yo tengo un medio mejor:
¿No me dices, sin cesar,

que comiendo muchos dulces
se caen los dientes? —Sí, tal.

—Pues cómprame caramelos
y él solo se me caerá.

M. Ossorio y Bernard

[21]

TRATO HECHO

———o———

—Oye, pichoncito amigo,
yo quiero jugar contigo.

—Niño, si quieres jugar,
ven, sube a mi palomar.

—Me faltan alas, no puedo...
Baja tú, no tengas miedo.

—Sin miedo voy a bajar
y jugaré satisfecho;
pero trigo me has de dar.

—Pichoncito, trato hecho.

Amado Nervo

«Berceuse» heroica

———○———

El niño estaba en su cuna,
su padre estaba en la guerra...

—¡Duérmete, niñito mío,
viento azul de mis banderas!

Con soldaditos de plomo
soñaba en su duermevela.

(Era un reducto de luna
rojo de sangre...)

Y él sueña
que iba llegando a la luna
montado en su bicicleta.

Adriano del Valle

Sarampión

———○———

Jesús, ¡qué calor!
Tengo sarampión.

Saco una manita,
saco una orejita,
saco la cabeza,
mi madre me tapa...

Señor, ¡qué pereza!,
¡qué sed de sifón!
Tengo sarampión.

Y son mis mejillas
—dice la abuelita—
dos rojas llamitas.

Ha venido serio
el señor doctor,
y me van a dar
agua de limón.

Celia Viñas

NIÑO
(1939-1942)

———o———

Rueda que irás muy lejos.
Ala que irás muy alto.
Torre del día, niño.
Alborear del pájaro.

Niño: ala, rueda, torre.
Pie. Pluma. Espuma. Rayo.
Ser como nunca ser.
Nunca serás en tanto.

Eres mañana. Ven
con todo de la mano.
Eres mi ser que vuelve
hacia su ser más claro.
El universo eres
que guía esperanzado.

Pasión del movimiento,
la tierra es tu caballo.
Cabálgala. Domínala.
Y brotará en su casco
su piel de vida y muerte,
de sombra y luz, piafando.
Asciende. Rueda. Vuela,
creador de alba y mayo.
Galopa. Ven. Y colma
el fondo de mis brazos.

Miguel Hernández

[23]

EL AMOR NO SE PUEDE PINTAR

———o———

La niña pintó una flor,
luego pintó una bandera
y también la luz primera.
Pintar no pudo el amor.
Pintó con mucho primor
la blanca estrella del mar

y un lindo y verde palmar.
Mas después de pintar tanto,
no pudo ni con el llanto
¡jamás el amor pintar!

Carlos Carrillo Valdés

ESTE PAJARITO

———○———

Este pajarito
vino a la ventana,
y le trajo al nene
un saco de lana.

Este pajarito
vino hasta la mesa,
y le trajo al nene
guindas y cerezas.

Este pajarito
vino hasta el jardín,
y le trajo al nene
flores de jazmín.

Este pajarito
nunca más volvió,
porque abrí la puerta
y se me escapó.

Ida Réboli

[24]

CANCIÓN TONTA

———○———

Mamá.
Yo quiero ser de plata.

Hijo,
tendrás mucho frío.

Mamá.
Yo quiero ser de agua.

Hijo,
tendrás mucho frío.

Mamá.
Bórdame en tu almohada.

¡Eso sí!
¡Ahora mismo!

Federico García Lorca

A MI PRIMER NIETO

—o—

La media luna es una cuna,
¿y quién la briza?
y el niño de la media luna,
¿qué sueños riza?

La media luna es una cuna,
¿y quién la mece?
y el niño de la media luna,
¿para qué crece?

La media luna es una cuna,
va a la luna nueva,
y al niño de la media luna.
¿Quién me lo lleva?

Miguel de Unamuno

MIEDO

—o—

Yo no quiero que a mi niña
golondrina me la vuelvan;
se hunde volando en el cielo
y no baja hasta mi estera;
en el alero hace nido
y mis manos no la peinan.
Yo no quiero que a mi niña
golondrina me la vuelvan.

Yo no quiero que a mi niña
la vayan a hacer princesa.
Con zapatitos de oro
¿cómo juega en las praderas?
Y cuando llegue la noche
a mi lado no se acuesta.

Yo no quiero que a mi niña
la vayan a hacer princesa.

Y menos quiero que un día
me la vayan a hacer reina.
La subirán al trono
a donde mis pies no llegan.
Cuando viniese la noche
ya no podría mecerla…
¡Yo no quiero que a mi niña
me la vayan a hacer reina!

Gabriela Mistral

CIEN PARA EL NIÑO

———○———

Cien estrellas y cien flores.
Cien caballitos, cien trenes.
Cien lápices de colores.
Cien madres, otras cien veces.
Cien abuelas y cien titas.
Cien lunas de cascabeles.
Cien carros de fantasía.
Y cien torres de pasteles.

Cientos de felicidades.
Cientos de ilusiones verdes.
Cientos de besos y abrazos.
Cien niños para quererte.

Cientos de bocas frenando
al que contra ti arremete.
Y por defender tu infancia
un ciento de pechos fuertes.

Cien hombres sembrando trigo.
Cien velando por tu suerte.
Cien labrándote una vida.
Cien haciéndote juguetes.

Y cien ojos al acecho
del que daño quiera hacerte;
cien mundos de hombres honrados
sólo para protegerte.

Luis Rivero Blanes

EL CASCABEL

Cascabelitos itos
cascabelero,
¡Traigo cascabelitos
y sonajeros!

Mi niño chiquitito
está despierto,
coge el cascabelito
lo mueve al viento.

Cascabelitos itos
cascabelero,
¡Vendo cascabelitos
y sonajeros!

Mi niño chiquitito
quiere jugar,
coge el cascabelito,
lo hace sonar.

Cascabelitos itos
cascabelero,
¡Tengo cascabelitos
viejos y nuevos!

Mi niño chiquitito
está enfadado,
coge el cascabelito,
lo echa rodando

Cascabelitos itos
cascabelero,
¿Quieren cascabelitos
o sonajeros?

Mi niño chiquitito
ya sabe hablar,
coge el cascabelito,
dice mamá.

Cascabelitos itos
cascabelero.
El que tiene mi niño
es el que quiero.

Pilar Montes

Un caballo blanco

———o———

Madre... no me riñas,
que ya nunca vuelvo a ser malo...
No me riñas, madre...
que ya no vuelvo a llenarme de barro.
Madre... no me riñas,
que ya no vuelvo a manchar mi vestido blanco.

Madre...
cógeme en tus brazos...
acaríciame,
ponme en tu regazo...
Anda... madre mía,
que ya nunca vuelvo a ser malo.
Así...

Y arrúllame... y cántame... y bésame...
duérmeme... apriétame en tu pecho
con la dulce caricia de tus manos...
anda... madre mía
que ya no vuelvo a llenarme de barro.

Madre...
¿verdad que si ya no soy malo
me vas a comprar
un caballo blanco
y muy grande,
como el de Santiago,
y con alas de pluma,

un caballo
que corra y que vuele
y me lleve muy lejos… muy alto… muy alto…
donde nunca pueda
mancharme de barro
mi vestido nuevo,
mi vestido blanco?…

¡Oh, sí, madre mía…
cómprame un caballo
grande
como el de Santiago
y con alas de pluma…
un caballo blanco
que corra y que vuele
y me lleve muy lejos… muy alto… muy alto…
que yo no quiero otra vez en la tierra
volver a mancharme de barro!

León Felipe

La niña llama a su padre «Tatá, dadá»

———○———

La niña llama a su padre «Tatá, dadá».
La niña llama a su madre «Tatá, dadá».
Al ver las sopas
la niña dijo:
«Tatá, dadá».
Igual al ir en el tren
cuando vio la verde montaña
y el fino mar.
«Todo lo confunde», dijo
su madre. Y era verdad.
Porque cuando yo la oía
decir «Tatá, dadá»,
veía la bola del mundo
rodar, rodar,
el mundo todo una bola
y en ella, papá, mamá,
el mar; las montañas, todo
hecho una bola confusa;
el mundo «Tatá, dadá».

Pedro Salinas

[30]

¡A clase, a clase!

[32]

2.   *Ha llegado la hora del colegio. Suena el timbre y los niños y las niñas ocupan sus puestos. En sus pupitres cocinarán fantasías combinando letras y números, aderezado todo con la dulce salsa de la poesía.*

[34]

La escuela

———o———

Clases de pequeños,
clases de mayores,
pupitres y sillas,
pizarras y flores,
libros y cuadernos,
tizas, borradores,
lápices y gomas

de muchos colores.
Tiene un patio grande,
jardín, corredores,
y niños y niñas
con sus profesores.

Eduardo Soler Fiérrez

Primer día de escuela

———o———

¡Qué alegre suena
la voz amiga
de la campana
de mi escuelita!

Anuncia a todos
(¡Dios la bendiga!)
la hora primera
del primer día.

¡A clase, a clase,
niños y niñas!...

Germán Berdiales

Las cinco vocales

---○---

Con saltos y brincos,
del brazo las cinco,
muy poco formales
vienen las vocales.

¿Las conoces tú?:
a, e, i, o, u.

A, grita que grita,
se enfada y se irrita
y se va al teatro.

Sólo quedan cuatro.

E, llama que llama,
se marcha a la cama
con dolor de pies.

Sólo quedan tres.

I, chilla que chilla,
se sube a una silla
porque ve un ratón.

Sólo quedan dos.

O, rueda que rueda,
¡sálvese quien pueda!,
rodando se esfuma.

Sólo queda una.

U, muy asustada,
se ve abandonada
y se va a la Luna.

No queda ninguna.

¿Las recuerdas tú?:
a, e, i, o, u.

Carlos Reviejo

EL BURRO EN LA ESCUELA

Una y una, dos.
Dos y una, seis.
El pobre burrito
contaba al revés.
¡No se lo sabe!
—Sí me lo sé.
—¡Usted nunca estudia!
Dígame ¿por qué?
—Cuando voy a casa

no puedo estudiar;
mi amo es muy pobre,
hay que trabajar.
Trabajo en la noria
todo el santo día.
¡No me llame burro,
profesora mía!

Gloria Fuertes

1, 2, 3

1   2   3
       Soy un pez
       4   5   6
       Gallo o pez
       como gustéis
              7
           Ni pez ni gallo
              Vete

Rafael Alberti

LA ESCUELITA POBRE

———○———

Todos tiritamos
si se cuela el viento.
Incluso el Maestro.

Un cristal nos falta...
Prometió ponerlo
el Ayuntamiento.

Hace mucho tiempo.

Joaquín González Estrada

MAMÁ Y PAPÁ

———○———

Con las letras de la sopa
escribí: mamá y papá,
y porque estaba jugando
me querían castigar.

Pero dijo mi abuelita
que se debe perdonar
a los niños que ya saben
escribir: papá y mamá.

Efraín de la Fuente

La escuela de las ranas

¡A la escuela, la escuela, la escuela
debajo del agua!
¡A la escuela, que son los maestros
el sapo y la rana!

Todos quieren llegar los primeros,
corre que te salta:
todos llevan uniformes verdes
y pechugas blancas.

En sus libros estudian, muy serios,
sapitos y ranas:
«Glo, glo, glo» deletrean, volviendo
página tras página.

¡Qué aplicados y atentos aprenden
la lección diaria!
¡Qué gozosos, después, se zambullen
debajo del agua!

A la hora del recreo, en la escuela
debajo del agua,
¡cómo brincan, retozan y juegan
sapitos y ranas!

María Luz Morales

CANCIÓN

———○———

Las ventanas
de la escuela,
¡qué azules en las mañanas!

En las tardes de tormenta,
cuando se encapota el cielo
y las moja el aguaviento,
¡qué dulce luz cenicienta!

—Madre, yo quiero estar siempre
en la escuela.

Juan Rejano

[40]

GUIÑOL

———○———

—Buenas tardes, Profesor…
(Al quitarnos los sombreros
se escapan con un clamor
de desorden los jilgueros.)

—Yo no he sido.
—Yo tampoco.
—¿Habrá sido mi alegría?
—Caballero, usted está loco.
—Llame usted a la policía.

Llámela que en el bolsillo
se me ha parado el reloj
y me canta —cri-cri— el grillo
de mi —cri-cri— corazón.

(En el columpio, Adelita
se ríe y no sé de qué,
ni qué me da o qué me quita,
ni qué, qui, co, cu, ca, que.)

Amparo Gastón y Gabriel Celaya

La escuela del fondo del mar

¿Conoces la escuela
del fondo del mar
«donde los pescaditos
se van a estudiar»?

Mañana no hay clase,
que mañana es fiesta,
vamos a mirar
desde la escollera
el fondo del mar.

—Abuela,
que no hay escuela,
y las olas altas, rubias,
dibujan sobre la arena
tablas de multiplicar;
«no llores, pescadito,
no llores ya más»
en tu escuela
del fondo del mar.

La rosa de los vientos
vamos a dibujar
sobre la pizarra azul
del mar.

Todos los pescaditos
ya saben sumar,
una concha más dos conchas
tres conchas serán,
una perla más tres perlas
cuatro estrellas de cristal,
signo
de multiplicar,
una rama de coral.

Celia Viñas

[41]

CALIGRAFÍA

———o———

La cabeza sobre el brazo
y el brazo sobre la mesa;
asomando entre los dientes
la puntita de la lengua;
los ojos desorbitados
a fuerza de aplicación...
Muchas aes, oes, ues...
Y en cada línea un borrón.

Ángela Figuera Aymerich

[42]

RONDA DE PARVULITOS

———o———

Al rosal y al alhelí.
¡Ay, ay!...
Jugaremos a escribir
cinco letras en la tierra,
¡al rosal y al alhelí!

Jugaremos a contar
con chinitas de cristal,
con los dedos de las manos.
¡A la dalia y al rosal!

Jugaremos a leer
palabritas de papel...
¡Ay, ay!...
¡Al jacinto y al laurel!

Pura Vázquez

LOS SENTIDOS

———o———

Niño, vamos a cantar
una bonita canción;
yo te voy a preguntar,
tú me vas a responder.
—Los ojos, ¿para qué son?
—Los ojos son para ver.
—¿Y el tacto? —Para tocar.

—¿Y el oído? —Para oír.
—¿Y el gusto? —Para gustar.
—¿Y el olfato? —Para oler.
—¿Y el alma? —Para sentir,
para querer y pensar.

Amado Nervo

MI LÁPIZ

———o———

Usa ropa
de madera.
Cuello fuerte
de latón.
Y sombrerito
de goma.
Mi lápiz
con borrador.

Lleva bajo
su vestido
la punta negra
de un pie.
Cuando yo
dibujo rápido,
mi lápiz
baila ballet.

Si hago
las letras
muy feas,
invierte
su posición.
Baila entonces
de cabeza
mi lápiz
con borrador.

Morita Carrillo

[43]

[44]

Nana nanita nana

[46]

3. Al embrujo de las nanas acudirá, envidioso, el sueño. Y, en él, los niños alcanzarán lo que las nanas prometieron: una casa como la del caracol, un viaje a la Luna, el dulce balido de la oveja…

[48]

LA BODA DE LOS GATOS

———o———

El gato y la gata
se van a casar,
y no hacen la boda
por no tener pan.

Arrorró,
que te arrullo yo.

El gato goloso
mira la ensalada
y la gata rubia
se lava la cara.

Arrorró,
que te arrullo yo.

Popular

[49]

LA OVEJITA ME

———o———

La ovejita me,
la ranita cua.
Duérmete mi nene
que es muy tarde ya.

El gallito qui,
las gallinas co.
Ya se duerme el nene,
arrorró, arrorró.

La vaquita mu,
el canario pi.
En mis brazos, nene,
duerme; duerme así.

Marcos Leibovich

LA CUNITA

---○---

La cunita de mi hijo
se mece sola,
como en campo verde
las amapolas.

Este niño pequeño
no tiene cuna;
su padre es carpintero
y le hará una.

En la cuna bonita
mi niño duerme;
dulces le dará un ángel
cuando despierte.

Duerme, vida mía,
duerme sin pena,
porque al pie de la cuna
tu madre vela.

Pajarito que cantas
en la laguna,
no despiertes al niño
que está en la cuna.

Estrellitas del cielo,
rayos de luna,
alumbrad a mi niño
que está en la cuna.

Popular

NANA
(Quintanar de la Sierra)

---○---

La mula cascabelera.

Y el niño más chiquitito
dando vueltas por la era.

—¡Glin, glin! —Ya está dormidito.

¡Y la tarántula, madre,
al pie de su madriguera!

Rafael Alberti

NANA DE LA CABRA

———○———

La cabra te va a traer
un cabritillo de nieve
para que juegues con él.

Si te chupas el dedito,
no te traerá la cabra
su cabritillo.

Rafael Alberti

NANA DEL MAR

———○———

Cantarte quiero, niña,
la nana azul del mar,
con su espuma y sus olas
podrás soñar.

Como mi niña es buena
la arrullan peces,
caracolas le dicen:
duérmete, duerme.

Mi niña se ha dormido
y está soñando
que en barco de vela
va navegando.

Mirar, corales,
cómo va navegando
por vuestros mares.

Concha Lagos

Canta la madre pobre

———○———

Este niño pícaro
se burla de mí,
cierra los ojitos
y los vuelve a abrir.

Basta de jugar,
basta de reír,
cierra ya los ojos
y quédese así.

¿Que primero un cuento?
Pues sí, niño, sí;
había una vez en cierto país
mucho que lavar,
mucho que planchar,
mucho que zurcir…

Por suerte los niños
dormían allí…
Y usted, dígame,
¿no piensa dormir?
¡Ah, quiere un besito!
¡Uno y cien y mil!,
pero a ver si ahora
se duerme por fin,
que su madre vive
en aquel país
y la pobre tiene
mucho que lavar,
mucho que planchar,
mucho que zurcir…

Germán Berdiales

Nana

———○———

Nana, luna, nana.
Bájale a mi niña
tu almirez de nácar.

Tu almirez sonoro.
Nana, luna, nana,
¡haz su sueño de oro!

Oro y nácar era.
¡Despertó mi niña!
Nana, luna fea.

Juan Rejano

MECIENDO

———○———

El mar sus millares de olas
mece divino.
Oyendo a los mares amantes, mezo a mi niño.

El viento errabundo en la noche
mece los trigos.
Oyendo a los vientos amantes,
mezo a mi niño.

Dios padre sus miles de mundos
mece sin ruido.
Sintiendo su mano en la sombra,
mezo a mi niño.

Gabriela Mistral

[53]

EL CARACOL, LA LUCIÉRNAGA Y EL GRILLO

———○———

Qué dichoso el caracol,
que tiene un casco de vidrio
y duerme bajo la col.

Más dichosa la luciérnaga,
que por las noches alumbra
con una verde linterna.

¡Pero más dichoso el grillo,
porque sabe una canción
para dormir a mi niño!

Fernando Luján

OYE, HIJO MÍO, OYE

———o———

Oye, hijo mío, oye,
oye la nana.

Te llenaré la cuna
de rosas blancas,
que así vendrán los ángeles
de lindas alas.

Te compraré un caballo
de crines blancas
para llevarte al río
a ver las aguas.

Te alcanzaré la luna,
la luna blanca,
para que cuando duermas
bese tu cara...

Ya te canté la nana,
duérmete ya;
si no las rosas
se mustiarán.

Si no el caballo
se marchará
y ya la luna
no te querrá...

duérmete, duérmete,
duérmete ya.
Ea... Ea... aaa...

José Luis Hidalgo

NANA DEL BURRO GORRIÓN

———o———

Duérmete, burrillo manso,
que ya es la hora.
Ya te has comido la flor
de la amapola.
Ya has bebido en el restaño

del agua sola.
Duérmete, burrillo manso,
que ya es la hora.

Camilo José Cela

NANA DEL NIÑO GOLOSO

—————○—————

Arrorró, mi niño,
que la noche llega.
Arrorró, mi niño,
con su capa negra.

Si te duermes pronto,
todas las estrellas,
dulces caramelos
de limón y menta.

¡Oh, qué gran merengue
de lunita llena!

Ángela Figuera Aymerich

NANAS DE LA CEBOLLA

(fragmentos)

———o———

La cebolla es escarcha
cerrada y pobre.
Escarcha de tus días
y de mis noches.
Hambre y cebolla,
hielo negro y escarcha
grande y redonda.

En la cuna del hambre
mi niño estaba.
Con sangre de cebolla
se amamantaba.
Pero tu sangre,
escarchada de azúcar,
cebolla y hambre.

Una mujer morena
resuelta en luna
se derrama hilo a hilo
sobre la cuna.
Ríete, niño,
que te tragas la luna
cuando es preciso.

Alondra de mi casa,
ríete mucho.
Es tu risa en tus ojos
la luz del mundo.
Ríete tanto

que en el alma al oírte
bata el espacio.

Tu risa me hace libre,
me pone alas.
Soledades me quita,
cárcel me arranca.
Boca que vuela,
corazón que en tus labios
relampaguea.

Es tu risa la espada
más victoriosa,
vencedor de las flores
y las alondras.
Rival del sol.
Porvenir de mis huesos
y de mi amor.

La carne aleteante,
súbito el párpado,
el niño como nunca
coloreado.
¡Cuánto jilguero
se remonta, aletea
desde tu cuerpo!
....

Miguel Hernández

En la Navidad

[58]

4. Llega la Navidad. Es el momento de la ilusión. El árbol, el Nacimiento... No faltarán los pastores, ni el arriero con su burrito —que llegará aunque esté cojo—, ni el pirata de buena voluntad... Y una noche —¡toc, toc, toc!— vendrán los Reyes Magos.

[60]

Villancico del Capitán Pirata

—◦—

—Capitán Pirata,
¿vas a ver al Niño
o a meter la pata?

(La pata de palo
y el parche en el ojo.
Malo, malo, malo.)

Tran, tran, tran, tran.
—¿Se puede, Señora?
—Pase, Capitán.

(¡Qué bien educado!)
—Esto es para el Niño.
—¿Robado o comprado?

—Bueno, pues... Qué lata.
(No te ruborices,
Capitán Pirata.)

¡Lo que yo daría
porque Ella olvidase
mi piratería!

Carlos Murciano

[61]

Señora Santa Ana

—◦—

—Señora Santa Ana,
¿por qué llora el niño?

—Por una manzana
que se le ha caído.

—Si se le ha caído,
yo le daré dos:
una para el niño
y otra para vos.

Popular

VILLANCICO

———○———

José no sabía
qué debía pensar:
en el patio oía
a un tiempo a María
reír y llorar.

Tan curioso está,
que a saberlo va;
y María le dijo:
—Jesús, nuestro hijo,
que ha dicho mamá.

Miguel Benzo Maestre

QUEDITO, PASITO

———○———

Quedito, pasito,
silencio, chitón.
Que duerme un Infante,
que tierno y constante
al más tibio amante
despierta el calor;
quedito, pasito,
silencio, chitón.

No le despierten, no:
a la e, a la o,
duerma mi amado
a la e, a la o.

Anónimo

DÍGAME, REY MAGO

—Dígame, Rey Mago,
¿quién lo trajo aquí?
—De mi torre pina,
estrella que vi.

—Y a ti, pastorcillo,
¿quién te lo anunciaba?
—Por mis soledades
un ángel pasaba.

Escribas cerraron
puertas y ventanas;
huyen mercaderes
de visiones vanas.

Para calar pronto
si viene el Señor,
cuídate ser Mago
si no eres pastor.

Eugenio d'Ors

[63]

QUE ES LA NOCHE DE REYES

Que es la noche de Reyes,
duérmete pronto,
ya se oyen sus caballos
bajos los chopos.

Duérmete, hijo, duerme;
cierra los ojos,
que si te ven despierto
por ser curioso,
tus zapatos, al alba,
estarán solos.

Duérmete, hijo, duerme;
cierra los ojos,
que están los Reyes Magos
bajo los chopos.

José Luis Hidalgo

Villancico del Niño dormilón

—No te duermas, Hijo,
que están los pastores,
Ellos te traen quesos,
ellas te traen flores.

Hijo, no te duermas,
que vienen los Magos.
Melchor, si le vieras,
los ojos muy largos,
Baltasar muy negros
y Gaspar muy claros.
Hijo, no te duermas,
que nace mi llanto.
No cierres los ojos,
que te está mirando
un pastor sin madre
que vino descalzo
a ofrecerte un cuento.

Cuenco de sus manos
lleno de azulinas
de las de tus campos.

¡Hijo, no te duermas,
que te están rezando!

Gloria Fuertes

Canción de los Reyes Magos

———○———

Venían en sus caballos
—toc, toc, toc—
los apuestos Reyes Magos.

Una estrella reluciente
—toc, toc, toc—
los guiaba desde Oriente.

¡Cuánto tesoro traían,
cuánto perfume quemaron
ante el hijo de María!

Eran reyes poderosos,
sobre caballos alzados
en galopes afanosos.

¡Toc, toc, toc…!
De Jerusalén huyeron,
que un sueño les reveló

que Herodes era un peligro
para el Niño Hijo de Dios,
¡toc, toc, toc…!

Carmen Conde

[65]

Cancioncilla del Niño Dios

———○———

Qué feliz la paja es
bajo la luz de la luna;
porque a Dios sirve de cuna
es ya más gloria que mies.

Cantad, pastores, cantad,
que es noche de Navidad.

A Dios arrulla y sostiene
la paja tierna y delgada.
La paja que a Dios contiene
es ya más cielo que nada.

Cantad, pastores, cantad,
que es noche de Navidad.

Rafael Morales

Burrito cojito

———○———

Burrito
cojito,
que vas
a Belén,
¿cuando llegarás…?
—No lo sé.
Pero llegaré.

Joaquín González Estrada

[66]

Nochebuena

———○———

¿Dónde van los pastores,
ronda rondando,
caminito del alba
con sus rebaños?

Los pastores caminan
hacia Belén.
¡Hay romeros y espinos
que huelen bien!

Nochebuena del Niño
que va a nacer
entre pajas y hielos.
¡Qué dulce bien!

Una estrella levanta
reciente luz,
alumbrando la cuna
de mi Jesús.

Pura Vázquez

ZAGALEJO DE PERLAS

Zagalejo de perlas,
hijo del alba,
¿dónde vais, que hace frío,
tan de mañana?

Como sois el lucero
del alma mía,
a traer el día
nacéis primero,
pastor y cordero
sin choza ni lanza;
¿dónde vais, que hace frío,
tan de mañana?

Perlas en los ojos,
risa en la boca,
las almas provoca
a placer y enojos;
cabellitos rojos,
boca de grana,
¿dónde vais, que hace frío,
tan de mañana?

Que tenéis que hacer,
pastorcito santo,
madrugando tanto,
lo dais a entender;
aunque vais a ver
disfrazado el alma,
¿dónde vais, que hace frío,
tan de mañana?

Lope de Vega

[67]

No lloréis, mis ojos

No lloréis, mis ojos,
Niño-Dios, callad;
que si llora el Cielo
¿quién podrá cantar?

Vuestra Madre hermosa,
que cantando está,
llorará también
si os ve que lloráis.

Por esas montañas
descendiendo, van
pastores, cantando
por daros solaz.

Niño de mis ojos,
¡ea!, no haya más,
que si llora el Cielo
¿quién podrá cantar?

Lope de Vega

[68]

Nanas de la Virgen

Duérmete azucena,
duérmete clavel,
con lirios del valle
yo te arroparé.

Junto a ti descansan
la mula y el buey,
y con sus alientos
calientan tus pies.

Joaquín Álvarez Quintero

Letrilla de la Virgen y el alba que venía

———o———

La Virgen María
cantando tejía
blancos hilos finos.

    (La tarde venía
    por entre los pinos.)

La Virgen María
cantando cosía
tejidos de lino.

(La noche venía
soñando el camino.)

La Virgen María
cantando ponía
pañales al niño.

    (El alba venía…)

Antonio Murciano

Y sanseacabó

———o———

¡Qué cosa más rara!
El gallo cantó,
las gallinas no…

El sol hacía tiempo
que en el cielo estaba.
Y nadie chistaba.

Bajó el posadero
a ver qué pasaba.

En el gallinero
—todo un caballero—
el gallo ordenó:

—Aquí nadie cante,
pues Nuestro Señor
la noche pasada
apenas durmió.
Hasta que despierte
—y lo mande yo—
aquí nadie cante.

¡¡¡Y SANSEACABÓ…!!!

Joaquín González Estrada

Niño en el Zaire

———o———

Yo no sé tu nombre,
ni el viento lo sabe,
ni la selva virgen
ni la estrella grande.
Yo no sé tu nombre,
que lo sabe el hambre,
la bala perdida,
la guerra y la sangre.
No encuentran establo
para refugiarte,
ni buey, ni burrito
ni paz que te cante.
Sólo el villancico
del gritar de un tanque
se rompe en tu llanto,
mi niño del Zaire.

Beso sobre beso,
silencio de madre,
inciertos los sueños
del hijo que nace.
Yo desde esta orilla
te mando mi tarde
de besos perdidos:
quisiera acunarte.
No nació en Belén
el Dios de las aves:
nació de la sombra
del niño del Zaire.
Que nieve la nieve
sonrisas de panes:
que Dios y los niños
todos son iguales.

José González Torices

La escuela del bosque

[72]

5. ¿Quién ha dicho que los animales no pueden aprender? En la escuela del bosque las ranas aprenderán a saltar y a croar, los leones a rugir, los pájaros a cantar y las mariposas a pintar el aire de colores.

[74]

POR EL ALTO RÍO

Por el alto río,
por la bajamar,
Sapito y Sapón
se han ido a jugar.

En una barquita
de plata y cristal,
ayer por la tarde
los vieron pasar
con Pedro Gorgojo,
con Pancho Pulgar,
con Juan Ropavieja
y Aurora Real.

¡Qué suave era el viento,
qué azul era el mar,
qué blancas las nubes
en lento vagar,
qué alegres las islas
de rojo coral!

Por el alto río,
por la bajamar,
Sapito y Sapón
se han ido a jugar.

Nicolás Guillén

[75]

LA BUFANDA AMARILLA

La luna se puso anoche
una bufanda amarilla.
«Anda, si parece el sol.
¡Mira!»

El gallo se equivocó
y despertó a las gallinas.
«¡Quiquiriquí! Perezosas,
¡arriba!»

Debajo de la bufanda
la luna se sonreía.

Carlos Murciano

¿QUIÉN LLORA?

———○———

Golondrinas del aire,
¿quién llora y llora?
—Llora un niño negrito
sin pan ni ropa.

Pececitos del agua,
¿quién llora y llora?
—Llora la luna mansa
sobre las olas.

Leones de la selva,
¿quién llora y llora?
—Llora junto al arroyo
una paloma.

José González Torices

LA CIGÜEÑA

———○———

Alta va la cigüeña.
Niños, a cogerla.

Tan alta ya, se borra
en el azul. Un premio
al que antes la descubra.

Mírala, resbalando, curva a curva.

Madre cigüeña,
a estos mis cigoñinos,
¿quién por los aires
me los pasea?

Mírala cómo vuela,
remonta curva a curva.

Alta va la cigüeña.

Gerardo Diego

La pájara pinta

———○———

Pájara pinta,
jarapintada,
limoniverde,
alimonada.

Ramiflorida,
picoriflama,
rama en el pico,
flor en la rama.

Pájara pinta,
pintarapaja,
baja del verde,
del limón baja.

Mirta Aguirre

[77]

El búho

———○———

El búho
siempre pensando…

—¿No te salen las cuentas,
compadre del silencio,
a ti que eres tan sabio?

Pues fíjate en mis dedos.
Si es muy sencillo.

Mira:
Una, dos, tres,
cuatro…

El viejo búho se asombra
riendo por lo bajo.

Joaquín González Estrada

LA ABEJA

Tengo alas, soy pequeña;
siempre obedezco a mi reina.
Volando de flor en flor,
saco de ellas buen licor.
Las ofensas no perdono,
con mi aguijón las sanciono.
Cera y miel siempre te doy.
Averigua tú quién soy.

Eduardo Soler Fiérrez

CANCIÓN DE CUNA DE LOS ELEFANTES

El elefante lloraba
porque no quería dormir…
—Duerme, elefantito mío,
que la luna te va a oír…

—Papá elefante está cerca,
se oye en el manglar mugir;
duerme, elefantito mío,
que la luna te va a oír…

El elefante lloraba
(¡con un aire de infeliz!)
y alzaba su trompa al viento…
Parecía que en la luna
se limpiaba la nariz.

Adriano del Valle

LA GALLINA PONEDORA

———○———

La gallina ponedora
con el gallo se pasea;
muy ufana y sí señora
todo el día cacarea...

Ella es tan conversadora
como el chorro de la fuente,
pero el gallo es muy prudente
y a su largo clo–clo–clo
le contesta solamente:

—¡Sí, señora, cómo no!...

Germán Berdiales

GRILLO
(Al patito feo)

———○———

Por las sendas del parque
corren los grillos,
cogiditos del brazo
con un anillo.

Afinando sus flautas
van junto al río,
serenatas de auroras
y de rocío.

Chisterillas de seda
les prestan brillo,
zapatos charolados
por el mantillo.

El pico carpintero
toca el martillo,
y se rasca la cola
con los nudillos.

Mañana mañanera
de dominguillo,
de pitos y de globos
y azucarillos.

Marina Romero

CANTAR DE LA LLAMA
(A los niños peruanos)

———○———

Llaman a la llama
desde la montaña,
para darle hierba,
para darle agua.

Llama llamita llamera
que va por la cordillera.

Llevando su carga
por toda la selva,
bajo el sol camina
muy llamicontenta.

Llama llamita llamunga
corre corre por la yunga.

Por la sierra viene
ya la veo pasar,
que el indio la llama
junto a Huascarán.

Llama, llamita, lanosa,
lomifuerte,
cariñosa,
¡corre corre por la Sierra,
corre corre por la Costa!

Julia Calzadilla

ENCANTO DE LUNA Y AGUA

(fragmentos)

———○———

1

La luna pesca en el charco
con sus anzuelos de plata.
El sapo canta en la yerba,
la rana sueña en el agua.
Y el cuco afila la voz
y el pico contra las ramas.

2

Con su gesto de esmeralda,
la rana, soltera y sola,
desnuda al borde del agua.
La luna quieta y redonda.

Cuco, cuclillo,
rabiquín de escoba.
¿Cuántos años faltan
para tu boda?

3

Habló el cuco desde el árbol:
—Rana pelona,
chata y fondona,
si quieres maridar,
rana pelona,
chata y fondona,
habrás de saber cantar…
Cantar y bailar,
y llevar la luna
del agua en tu ajuar.

4

Estaba la rana
con la boca abierta;
le cayó la luna
como una moneda.
Chapuzón y al charco…

¡Hoy cantó la rana
un cantar tan blanco!

Alejandro Casona

[81]

METAMORFOSIS
(Adivinanzas con solución)

———o———

—¿Quién naciendo de la vida
trae otra vida de nuevo?

—El huevo.

—¿Quién se arrastra por el suelo
sin que tenga pies ni manos?

—El gusano.

—¿Quién para tener un manto
se cubre de seda pálida?

—La crisálida.

—¿Quién de ninfa deformada
se convierte en flor hermosa?

—La mariposa.

Carlos Reviejo y Eduardo Soler

EL MIRLO

———○———

El mirlo se pone
su levita negra
y, por los faldones, le asoman las patas
de color de cera.

Salvador Rueda

RONDA DEL PÍO… PÍO

———○———

A la rueda-rueda,
pío…, pío…, pío…,
la gallina blanca
con sus diez pollitos
juegan a la ronda,
¡qué lindos, qué lindos!

Co, co, co, co, co…,
pío…, pío…, pío…,
donde va la madre
van los pequeñitos,
cuatro como nieve
y seis amarillos…

Co, co, co, co, co…,
pío…, pío…, pío…,
a la rueda-rueda,
¡qué lindos, qué lindos!,
pica que te pica
el maíz molido.

A la rueda-rueda,
pío…, pío…, pío…

Yolanda Lleonart

OTRA VEZ LA PALOMA

Venía del olivar
con un ramito de oliva
la paloma de la Paz.

Cruzó el blanco de la nieve,
durmió en la espuma del mar,
se vistió de pan y azúcar
y luego se echó a volar.

Cruzó la luna más blanca,
el cielo de la ciudad:
cien niños iban tras ella
con ramos del olivar.

Donde se termina el día
y llora cada pinar,
siete guerras se mataban
por un granito de sal.

Los cañones destrozaban
cuerpos de nata y cristal.
Sobre el viento de la muerte
caminaba un general.

Los niños y la paloma
sacan del pecho el cantar:
La guerra se ha detenido.
Mañana empieza la Paz.

José González Torices

PARTE DE BODA

En una carroza blanca
tirada por la Ocarina,
mañana por la mañana
y en la iglesia submarina,
dicen que van a casarse
el Pingüino y la Pingüina.
Está invitada a la boda
toda la fauna marina.
Don Tiburón, el padrino,
Doña Foca, la madrina.
Firmarán, como testigos,
con tinta calamarina,
Caracol y Caracola,

Boqueroncillo y Sardina,
Salmonete y Bacalao,
Langostino y Langostina
y el Caballito de Mar
con su Caballa salina.

En vez de arroz, tirarán
granitos de sal muy fina
y le llevarán la cola
el Delfín y la Delfina.

Antonio Murciano

[85]

LOS DOS PECES

Dos peces amigos
vienen por el mar.
¡Qué verdes las algas!
¡Qué rojo el coral!

Veloces se acercan
a todo nadar,
aletas y cola
moviendo a compás.

Por el agua clara
se ha filtrado el sol
y como dos joyas
relumbran los dos.

Dora Alonso

El sapito Glo Glo Glo

Nadie sabe dónde vive.
Nadie en la casa lo vio,
pero todos escuchamos
al sapito: Glo... glo... glo...

¿Vivirá en la chimenea?
¿Dónde diablos se escondió?
¿Dónde canta, cuando llueve,
el sapito Glo Glo Glo?

¿Vive acaso en la azotea?
¿Se ha metido en un rincón?
¿Está abajo en la cama?
¿Vive oculto en una flor?

Nadie sabe dónde vive.
Nadie en la casa lo vio.
Pero todos lo escuchamos
cuando llueve: Glo... glo... glo...

José Sebastián Tallón

La mariposa

La mariposa
deja que el viento
la traiga y lleve
como un papel.

Liba en la rosa
sólo un momento
pero se bebe
toda la miel.

Y, en ese instante,
quieta se queda
sobre las flores,

como un brillante
lazo de seda
de mil colores.

Germán Berdiales

EL OSO TITIRITERO

———o———

¡Qué torpe, mamá, qué torpe,
el oso titiritero,
bailando sobre una pata
al compás de aquel pandero!

¡Qué poco garbo tenía,
qué poquísimo salero,
pero qué gracia nos hizo
a los niños del colegio!

¡Y qué tipo, si lo vieras
disfrazado de Rey Negro
arrojando a manotazos
montones de caramelos!

El sábado por la tarde
será la función de estreno;
si me porto bien, mamá,
¿me vas a llevar a verlo?

Antonio Gómez Yebra

[87]

PATITOS

———o———

Patitos al sol…
El sauce los libra
de la insolación.
El patito padre
—todo un campeón—
ordena severo:
—¡Patitos al agua,
que empieza la clase
de natación…!

Joaquín González Estrada

[88]

Burla burlando

[90]

6. *Las palabras están llenas de magia. ¡Y de burla! Nos hacen reír, nos sorprenden, nos crispan… Nos provocan, tratando de equivocarnos con sus trampas sonoras, con sus giros de difícil pronunciación.*

[91]

[92]

EL BOLONGO

El Bolongo llegó una mañana,
abrió mi ventana,
fundió la bombilla;
el Bolongo llevaba sombrero,
pulsera de cuero,
bigotes de ardilla.

El Bolongo tocaba la flauta
como un astronauta
de cierto planeta;
el Bolongo decía *papiro*,
*lucero, autogiro,
galaxia, cometa.*

El Bolongo salía corriendo,
fumando, bebiendo,
y no lo encontraba;
el Bolongo lloraba, reía
y no aparecía.
¡Qué sustos me daba!

El Bolongo lucía en la frente
un diente, otro diente,
dos uñas, un pelo;
el Bolongo —no sé si decirlo—
tenía de mirlo
la pluma y el vuelo.

El Bolongo se vino a mi cama,
se puso el pijama,
un broche, otro broche;
y allí sigue —¿lo ves?— todavía,
durmiendo de día,
cantando de noche.

Carlos Murciano

[93]

ÉSTA ERA UNA MADRE

———○———

Ésta era una madre que biraba, biraba,
de pico y picoteaba
de pomporerá.
Tenía tres hijos, berise, berise,
de pico y picotise
de pomporerá.
El uno iba al estudio, berubio, berubio,
de pico y picotubio
de pomporerá.
El otro iba a la escuela, biruela, biruela,
de pico y picotuela
de pomporerá.
El otro iba a cazar perdices, berices, berices,
de pico y picotices
de pomporerá.
Y aquí se acabó el cuento, bizuento, bizuento,
de pico y picotuento
de pomporerá.

Popular

JA JE JI JO JU

— ◦ —

Ja, ja, ja!

Qué gracioso
está mi corazón
vestido de smoking rojo

je, je, je!

Apenas si lo conozco

ji, ji, ji!

Qué gracioso

jo, jo, jo!

Lo voy a llevar al Polo

ju, ju, ju!

Qué gracioso

Rafael Alberti

DONGOLONDRÓN

— ◦ —

Dongolondrón con dongolondrera,
por el camino de otera,
rosas recoge en la rosera:
dongolondrón con dongolondrera.

Anónimo

LOS SAPITOS

———o———

Los sapos de la laguna
huyen de la tempestad;
los chiquitos dicen: tunga,
y los grandes: tungairá.
¡Sapito que tunga y tunga,
sapito que tungairá!

Popular

TRABALENGUAS

———o———

El perro Zaranguangüita,
güita, güita,
estaba royendo un hueso,
hueso, hueso,
y como estaba tan tieso,
tieso, tieso,
le daba con la patita.
Zaranguangüita,
güita, güita.

Popular

ESTE PICASSO ES UN CASO

¡Qué divertido es Picasso!

Es pintor rompecabezas
que al cuerpo rompe en mil piezas
y pone el rostro en los pies.
¡Todo lo pinta al revés!

¡Este Picasso es un caso!

Es un puro disparate.
No es que te hiera o te mate,
pero, en lugar de dos cejas,
te coloca un par de orejas.

¡Vaya caso el de Picasso!

Te deja que es una pena:
te trastoca y desordena,
te pone pies en las manos
y en vez de dedos, gusanos.

¡Si es que Picasso es un caso!

En la boca pinta un ojo,
y te lo pinta de rojo.
Si se trata de un bigote,
te lo pondrá en el cogote.

¡Menudo caso es Picasso!

¿Eso es hombre o bicicleta?
¡Si es que ya nada respeta!
Esos ojos que tú dices,
no son ojos… ¡son narices!

¿No es un caso este Picasso?

Todo lo tuerce y disloca:
las piernas, brazos y boca.
No es verdad lo que tú ves…
¡Él pinta el mundo al revés!

¡Qué Picasso es este caso!

Carlos Reviejo

[97]

Doña Pito Piturra

———○———

Doña Pito Piturra
  tiene unos guantes;
Doña Pito Piturra
  muy elegantes.
Doña Pito Piturra
  tiene un sombrero;
Doña Pito Piturra
  con un plumero.
Doña Pito Piturra
  tiene un zapato;
Doña Pito Piturra
  le viene ancho.

Gloria Fuertes

El zapato

———○———

Tengo boca
  que no come,
tengo lengua
  que no habla,
tengo ojos
  que no ven
pues los tapan
  los cordones
que me atan
  a los pies.

Eduardo Soler Fiérrez

LA FIERA CORRUPIA

———o———

La fiera corrupia
es verde con rayas,
en ascuas los ojos,
la cola enroscada.

Corre, corre, corre,
corre, que te alcanza.

Pablito la ha visto
pelando la pava
y le dijo: ¡MAUU!
con voz desusada.

Corre, corre, corre,
corre, que te alcanza.

Es verde, muy verde,
con algunas rayas,
y en las piedras lisas
sus uñas clavaba.

Corre, corre, corre,
corre, que te alcanza.

Sentada en un canto
de piedra labrada,
se afila los dientes
con una navaja.

Corre, corre, corre,
corre, que te alcanza.

Fernando Villalón

[99]

LAUCHITA Y MINERO

—◦—

Lauchita y minero
salían de noche;
dejaban los hijos
haciendo pucheros.

ja, ja, ja,
qué risa nos da.

Lauchita lucía
un manto de España,
muy lindo, tejido
con telas de araña.

ja, ja, ja,
qué risa nos da.

Minero calzaba
lujosos zapatos;
¡qué lindos, sin cueros,
sin suela ni taco!

ja, ja, ja,
qué risa nos da.

Popular de Argentina

CIZAÑA

—◦—

Amiga cigüeña
se puso a la greña
con amiga araña:
que si pedigüeña,
que si mala entraña,
que si una castaña,
que si un haz de leña,
que si por trigueña,
que si por extraña,
que si aquella seña,

que si una patraña,
que si tan tacaña,
que si tan pequeña,
¡que si una alimaña!…

Amiga cigüeña
con amiga araña.

Mirta Aguirre

Luna lunera

———o———

Luna lunera,
cascabelera,
bajo la cama
tienes la cena.
Cinco pollitos
y una ternera.
Luna lunera
cascabelera.

Popular

Que te corta corta

———o———

¡Qué cola tan larga
tiene ese ratón!
Corta, corta, corta…
¿Quién se la cortó?

¡Qué pico tan grande
tiene este tucán!
Corta, corta, corta…
¿Quién lo cortará?

¡Qué rabo tan gordo
tiene este león!
Corta, corta, corta…
¿Quién se lo cortó?

¡Qué carne tan dura
tiene este caimán!
Corta, corta, corta…
¿Quién la cortará?

A la corta, corta,
y a la corta va,
corta que te corta
que te cortará.

Nicolás Guillén

DICE LA ALONDRA AL BÚHO

———○———

Dice la alondra al búho
de mañanita:
—Buenos días, abuelo;
¡qué luz divina!

Y él contesta:
—¡Mis respetos, amiga!;
tenga usted buena noche
todito el día.

V. M. Pérez Perozo

ARLEQUÍN

———○———

En la percha está colgado
el vestido de Arlequín,
que es, a cuadros, colorado,
verde, azul, blanco y carmín.
¿Y Arlequín…? ¡Se ha evaporado!

Manuel Machado

Te voy a contar un cuento

[104]

7. Ha llegado la hora del cuento. Y entonces los versos empiezan como empiezan siempre los cuentos: érase una vez, había una vez, estaba el señor Don Gato... La palabra rimada se disfraza de princesa, de pirata, de conejo viejo, para ser recordada con mayor facilidad.

[105]

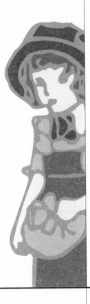

[106]

La vaca de Humahuaca

Había una vez una vaca
en la Quebrada de Humahuaca.

Como era muy vieja, muy vieja,
estaba sorda de una oreja.

Y a pesar de que era abuela,
un día quiso ir a la escuela.

Se puso unos zapatos rojos,
guantes de tul y un par de anteojos.

La vio la maestra asustada
y le dijo: «Estás equivocada».

La vaca, vestida de blanco,
se acomodó en el primer banco.

Los chicos le tiraban tiza
y no podían más de risa.

Y como el bochinche aumentaba,
en la escuela nadie estudiaba.

La vaca, de pie, en un rincón,
rumiaba sola la lección.

Un día todos los chicos
se convirtieron en borricos.

Y en ese lugar de Humahuaca
la única sabia fue la vaca.

María Elena Walsh

[107]

EL GALLO JABADO*
(A mi hijo Carlos)

———○———

Tuve un gallo presuntuoso,
dueño de mi gallinero.
Lo sacaron en enero
y era jabado y celoso.

Cuando mi niño lloraba
y le mentaba al jabado,
cambiaba el color morado
y enseguida se callaba.

De negro y blanco pintado,
un par de espuelas filosas,
cresta y barba muy hermosas,
como un príncipe encantado.

¿Qué pasó con este gallo?
¿Murió o vive todavía?
Sólo les diré que un día
salió montado en un bayo.

Trotando hasta Manatí,
luego, marcaba horizonte
al fiel guajiro del monte
su alegre ¡ki, ki, ri, ki!

Carlos Carrillo Valdés

[108]

* Raza de gallos con las plumas moteadas.

Nocturno IV

Corriendo va Margarita
por el sendero de plata.
        Despepita
el grillo su serenata.
Son a la luna sus trapos
un montoncito de nieve.
        Unos sapos
silban su motivo breve.
Va pensando sonriente,
va pensando en Micifuz.
        En la frente
lleva un gusano de luz.
Margarita va contenta.
Va contenta Margarita.
        Soñolienta
la espera la abuelita.
Margarita con el viento
corre, con el viento vuela.
        ¡Cuánto cuento
le sabe contar la abuela!
El cuento de Cenicienta
y el cuento de Ratoncito.
        De contenta
bota un brinco y lanza un grito.
Y sobre todo le gusta
aquel de Caperucita.

        No se asusta
al oírlo Margarita.
¡Oh, si el lobo la asaltase,
cómo se iba a divertir!
        Si asomase,
¡oh, cómo se iba a reír!
Él engañarla querría:
Margarita, ¿a dónde vas?
        Y abriría
una boca así. No, más...
¡Ay, qué gracia! Mira, lobo,
no me engañas, no me engañas.
        No seas bobo,
que ya conozco tus mañas.
Y al pensarlo, Margarita
su fresca risa deslíe.
        ¡Qué bonita
se pone cuando se ríe!
Margarita es una niña
que corre por el sendero.

        La campiña
duerme a la luz del lucero.

Gerardo Diego

[109]

ROMANCILLO DEL VIEJO RATÓN

Hay catorce ratas
en torno a un ratón
viejo, rengo y ciego,
pelado y rabón.

—Cuéntenos, abuelo,
lo que le pasó...

Y repite el cuento
que otra vez contó:

—Pito Colorín...
Pito Colorón...
Por una cocina
me paseaba yo.
Limpias las baldosas,
fregado el fogón,
no había en el suelo
ni un grano de arroz.

La señora escoba
todo se llevó.
        Pito Colorín...
        Pito Colorón...

Andaba esa noche
del blanco fogón,
con mi cola larga
como un gran señor.
        Pito Colorín...
        Pito Colorón...

De pronto descubro
que allá, en un rincón,

un trozo de queso
la escoba olvidó.
Lo que no se barre
lo come el ratón.
Esto lo sabemos
ustedes y yo.
        Pito Colorín...
        Pito Colorón...

Huelo, me relamo,
doy un mordiscón
y en una trampilla
mi cola quedó.
        Pito Colorín...
        Pito Colorón...

Por comer deprisa
me quedé rabón...

La rata más rata
pregunta al ratón:
—Y la gata negra
¿no se despertó?

—Fue por un milagro
que no me comió.

—Este cuento, abuelo,
sirve de lección...
        Pito Colorín...
        Pito Colorón...

Javier Villafañe

FIGULINAS

———○———

¡Qué bonita es la princesa!
¡qué traviesa!
¡qué bonita
la princesa pequeñita
de los cuadros de Watteau!

Yo la miro, ¡yo la admiro,
yo la adoro!
Si suspira,
yo suspiro;
si ella llora, también lloro;
¡si ella ríe, río yo!

Cuando alegre la contemplo,
como ahora, me sonríe,
… y otras veces su mirada
en los aires se deslíe
pensativa…

¡Si parece que está viva
la princesa de Watteau!

Al pasar la vista hiere,
elegante,
y ha de amarla quien la viere.

… Yo adivino en su semblante
que ella goza, goza y quiere,
vive y ama, sufre y muere…
¡como yo!

Manuel Machado

[111]

ROMANCE DE DON GATO

Estaba el señor don Gato
en silla de oro sentado:
calzaba media de seda
y zapatito calado.
Cartas le fueron venidas
que había de ser casado
con una gatita rubia
hija de un gatito pardo.
El Gato, de tan contento,
se ha caído del estrado;
se ha roto siete costillas
y la puntita del rabo.
Ya llaman a los doctores,
sangrador y cirujano:
unos le toman el pulso,
otros le miran el rabo;
todos dicen a una voz:
«¡Muy malo está
el señor Gato!».

A la mañana siguiente
ya van todos a enterrarlo.
Los ratones, de contentos,
se visten de colorado,
las gatas se ponen luto,
los gatos, capotes pardos,
y los gatitos pequeños
lloraban: ¡Miau!
¡miau!
¡miau!
¡miau!
Ya lo llevan a enterrar
por la calle del pescado.
Al olor de las sardinas
el Gato ha resucitado.
Los ratones corren, corren...
Detrás de ellos corre el Gato.

Anónimo

LOS DOS CONEJOS

———o———

Por entre unas matas,
seguido de perros
(no diré corría),
volaba un conejo.
De su madriguera
salió un compañero,
y le dijo: «Tente,
amigo, ¿qué es esto?».
«¿Qué ha de ser? —responde—.
Sin aliento llego…
Dos pícaros galgos
me vienen siguiendo».

«Sí —replica el otro—,
por allí los veo…
Pero no son galgos».
«Pues ¿qué son?».
«Podencos».
«¡Qué! ¿Podencos dices?».

«Sí, como mi abuelo».
«Galgos y muy galgos:
bien visto lo tengo».
«Son podencos; vaya,
que no entiendes de eso».
«Son galgos, te digo».
«Digo que podencos».

En esta disputa
llegaron los perros,
pillan descuidados
a mis dos conejos.
Los que por cuestiones
de poco momento
dejan lo que importa,
llévense este ejemplo.

Tomás de Iriarte

[1 1 3]

Un cuento de mar

Allá en una isla
del mar de la Trola,
vivía una princesa
muy triste y muy sola.

Suspiraba llena
de melancolía,
pensando en que alguien
la salvara un día.

Una cierta tarde,
cuando paseaba,
ve un barco a lo lejos,
que a ella se acercaba.

Era el rey de Jauja
con un galeón,
de seda las velas
y de oro el timón.

—Bella princesita,
mi reino te doy.
Y ella le contesta:
—¡Con usted no voy!

Pasaron mil fechas
en el calendario,
y un día en un yate
llega un millonario.

En el banco tiene
millones a cientos
y en la Costa Azul,
cien apartamentos.

Dice a la princesa:
—¡Yo el mundo te doy!
Y ella le responde:
—¡Pues aquí me estoy!

Más días pasaron
—tal vez, años fueron—
y llegó a la playa
un viejo velero.

Lo manda un pirata
que no tiene nada:
el día y la noche
y la mar salada...

—Como soy tan pobre,
yo nada te doy.
—¡Pues por ser tan pobre,
contigo me voy!

Y juntos se fueron
en aquel bajel,
por los siete mares
de luna de miel.

Y aquí acaba el cuento
del mar de la Trola
y de una princesa
que estaba muy sola.

Carlos Reviejo

CUENTO VIEJO

Quiero contarte
un cuento viejo:
Desde la Luna
saltó un conejo.

Tenía una oreja
toda de plata:
bastón de oro,
traje de gala.

Zapatos rojos,
medias de lana,
corbata verde,
calzón de pana.

Como el conejo
perdió el sombrero,
compró una gorra
de terciopelo.

Y al ver a un perro
se asustó tanto,
que pegó un brinco
de este tamaño.

Hasta la Luna
llegó el conejo.
Allí sentado
se ha puesto viejo.

Por eso siempre
los perros ladran
cuando de noche
la Luna pasa.

Dora Alonso

[115]

LA OCA Y EL GORRIÓN
(Comentan dos gallinas)

———○———

En su casita, la oca.
¡Qué blanca y blanca al balcón!
—¿No sabes? ¡Se ha vuelto loca!
—¿Por quién?
                              —¡Por un gorrión!

—¿Por un gorrión? ¡Dios mío!
—¡Por un simple gorrión!

EL GORRIÓN EN LA RAMA

¡A volar, que aquí hace frío!

Rafael Alberti

LAS MOSCAS

———○———

A un panal de rica miel
dos mil moscas acudieron
y por golosas murieron
presas de patas en él.
Otra dentro de un pastel
enterró su golosina.

Así, si bien se examina,
los humanos corazones
perecen en las prisiones
del vicio que los domina.

Félix María de Samaniego

Los gatos escrupulosos

¡Qué dolor! Por un descuido
Micifuz y Zapirón
se comieron un capón,
en un asador metido.
Después de haberse lamido,
trataron en conferencia
si obrarían con prudencia
en comerse el asador.
¿Le comieron? No señor.
Era un caso de conciencia.

Félix María de Samaniego

Un mundo al revés

Érase una vez
un lobito bueno
al que maltrataban
todos los corderos.

Y había también
un príncipe malo,
una bruja hermosa
y un pirata honrado.

Todas esas cosas
había, una vez.
Cuando yo soñaba
un mundo al revés.

José Agustín Goytisolo

A Margarita Debayle

———o———

Margarita, está linda la mar,
y el viento
lleva esencia sutil de azahar;
yo siento
en el alma una alondra cantar:
tu acento.
Margarita, te voy a contar
un cuento.

Éste era un rey que tenía
un palacio de diamantes,
una tienda hecha del día
y un rebaño de elefantes.

Un kiosco de malaquita,
un gran manto de tisú,
y una gentil princesita,
tan bonita,
Margarita,
tan bonita como tú.

Una tarde la princesa
vio una estrella aparecer;
la princesa era traviesa
y la quiso ir a coger.

La quería para hacerla
decorar un prendedor,
con un verso y una perla,
y una pluma y una flor.

Las princesas primorosas
se parecen mucho a tí:
cortan lirios, cortan rosas,
cortan astros. Son así.

Pues se fue la niña bella,
bajo el cielo y sobre el mar,
a cortar la blanca estrella
que la hacía suspirar.

Y siguió camino arriba,
por la luna y más allá;
mas lo malo es que ella iba
sin permiso de papá.

Cuando estuvo ya de vuelta
de los parques del Señor,
se miraba toda envuelta
en un dulce resplandor.

Y el rey dijo: «¿Qué te has hecho?
Te he buscado y no te hallé;
y ¿qué tienes en el pecho,
que encendido se te ve?».

La princesa no mentía.
Y así dijo la verdad:
«Fui a cortar la estrella mía
a la azul inmensidad».

Y el rey clama: «¿No te he dicho
que el azul no hay que tocar?
¡Qué locura! ¡Qué capricho!
El Señor se va a enojar».

[119]

Y dice ella: «No hubo intento;
yo me fui no sé por qué;
por las olas, por el viento
fui a la estrella y la corté».

Y el papá dice enojado:
«Un castigo has de tener;
vuelve al cielo, y lo robado
vas ahora a devolver».

La princesa se entristece
por su dulce flor de luz,
cuando entonces aparece
sonriendo el Buen Jesús.

Y así dice: «En mis campiñas
esa rosa le ofrecí:
son mis flores de las niñas
que al soñar piensan en mí».

Viste el rey ropas brillantes,
y luego hace desfilar
cuatrocientos elefantes
a la orilla de la mar.

La princesita está bella,
pues, ya tiene el prendedor
en que lucen, con la estrella,
verso, perla, pluma y flor.

* * *

[120]

Margarita, está linda la mar,
y el viento
lleva esencia sutil de azahar:
tu aliento.

Ya que lejos de mí vas a estar,
guarda, niña, un gentil pensamiento
al que un día te quiso contar
un cuento.

Rubén Darío

ÉRASE UNA AVISPA

———o———

Érase una avispa
vulgar, gorda y lista.
En su basurero
miraba revistas.
«Quiero ser famosa,
cantante o artista
o, al menos —pensó—,
la protagonista
de una narración».
Buscó un periodista
y halló un escritor.
Se coló en su casa…
¡qué persecución!
¿Cómo entendería
ese buen señor
lo que ella quería?
Se posa en sus cejas,
luego en su nariz

—o escribe de ella
o se queda allí—.
El escritor dijo:
«¡Mira que me pica!»,
y dio un manotazo
a la pobre avispa.

Pero en ese instante
lo imagina todo.
¡Con qué poca vista,
con qué malos modos
le hizo la entrevista!
Y escribe en un folio:
«Érase una avispa
vulgar, gorda y lista…».

Victoria Martín Almagro

[121]

[122]

Los niños juegan a todo

[124]

8. Con los poemas se puede jugar a todo: a ser cartero, a subir al cielo en busca de la paz, a elevarse por los aires con la cometa, a navegar en barcos de papel, a unir las manos en el corro. A veces los mayores se despistan y se olvidan de que para el juego no existe edad.

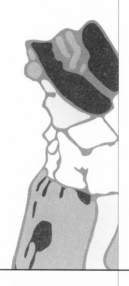

[126]

TODO JUEGA

Los carteros, a las cartas.
Los soldados, a los dados.
El avión, a ser pájaro.
El triciclo, a ser caballo.

El agua juega a hacer barro.
La tierra a mirar el cielo.
Las piedras a hacer castillos.
Los castillos —puro juego—
luego juegan a la guerra.
La guerra juega con fuego.

El canario, a ser cantante.
El ratón, al escondite.
El erizo, de pelota.
Y la tortuga, al despiste.

La luna juega a la ronda.
El sol, a colorear.
El viento, a soplar muy fuerte.
Papá juega a trabajar,
juega a ser mayor y dice:
«Ahora no puedo jugar».

La traca juega a hacer magia.
El carrusel juega al corro.
El guiñol, a hacer teatro...
LOS NIÑOS JUEGAN A TODO.

Victoria Martín Almagro

[127]

EL PELELE

El pelele está malo,
¿qué le daremos?
Agua de caramelos
que cría cuernos.

Pelele, pelele,
tu madre te quiere,
tu padre también,
todos te queremos,
¡arriba con él!

Popular

COMETA

——○——

Voy a lanzar a la luna
un bello encaje de espuma.

Cógelo, madre.

Sube que sube que sube,
trénzase en ave y en nube.

Cógelo al aire.

Apuleyo Soto

GALLINITA CIEGA

[128]

——○——

Gallinita estaba
presa en su corral,
con la pata atada
en un matorral.

Gallinita cose,
cose un delantal
para su pollito,
que no sabe andar.

Gallinita llora:
«¡Quiquiriquicá!».
Se ha quedado ciega
de tanto llorar.

Gallinita ciega
busca en el pajar.
—¿Qué se te ha perdido?
—Aguja y dedal.

—Da tres vueltecitas
y lo encontrarás.

Gallinita ciega
gira sin cesar.
¡Pobre gallinita,
se va a marear!

Gloria Fuertes

LUNA LUNERA

———○———

Como una niña rubia
con un blanco babero,
la luna llena
se pasea por el cielo.
¿Luna, lunera,
quién te almidonó el babi,
que vas tan hueca?

Salta a la comba con un aro,
todo de plata y cristal,
con un cordel de seis colores,
que el agua sacó del mar.
«Luna tendida, marinero en pie».
¡Salta, salta, lunita, en tu cordel!

María Luisa Muñoz de Buendía

RECUERDO

———○———

Doña Luna no ha salido.
Está jugando a la rueda
y ella misma se hace burla.
Luna lunera.

Federico García Lorca

Pez pecigaña / pipirigaña

———o———

Pin pirigaña
mata la araña.
Un cochinito
bien peladito.
—¿Quién lo peló?
—La pícara vieja
que está en el rincón.
—Madre abuelita,
bárrame usted la casita.
—¿Con qué la barreré?
—Con la manita «quebrá».
—¿Quién la quebró?
—El palo la quebró.
—¿Dónde está el palo?
—La lumbre lo quemó.
—¿Dónde está la lumbre?
—El agua la apagó.
—¿Dónde está el agua?
—La gallinita se lo bebió.
—¿Dónde está la gallinita?
—Poniendo un huevo.
—¿Dónde está el huevo?
—El fraile se lo comió.
—¿Dónde está el fraile?
—Cantando misa.
—Esconda usted la manita
con agua bendita.

Popular

[130]

SAL, SOL, SOLITO...

——o——

Sal, sol, solito,
y estáte aquí un poquito:
hoy y mañana
y toda la semana.

Ahí vienen las monjas,
cargadas de toronjas;
no pueden pasar
por el río de la mar.

Pasa uno, pasan dos,
pasa la Madre de Dios,
con su caballito blanco,
que relumbra todo el campo.

Aquí viene Periquito
con un cantarito
de agua caliente
que me espanta a mí y a toda la gente.

Anónimo

EL CINE DE LAS SÁBANAS BLANCAS

———○———

¡Señores dragones
y dragonas damas,
llevad a los peques
rápido a la cama,
que comienza el cine
de «sábanas blancas»!

¡Locas aventuras,
feroces piratas,
duros detectives,
aguerridas damas,
viajes espaciales,
princesas y hadas,
indios y vaqueros,
selvas africanas…!

Diversión sin fin,
que no cuesta nada,
porque en este cine
no se paga entrada
y tienes segura
butaca de cama.

¡Silencio, que empieza!
Se apagan más lámparas,
se encienden los sueños
sobre las pantallas…
Hoy veréis el cine
de «sábanas blancas».

Carlos Reviejo

[132]

JUEGO DEL PÍO, PÍO

———○———

Pío, pío, gavilán,
coge los pollos,
que se te van.

—Clo, clo, clo,
mazapán,
mis pollitos
¿dónde están?

—Tengan cuidado, pollitos,
no los llame su mamá,
disfrazada de gallina,
ése es el gavilán.

—Clo, clo, clo,
mazapán,
mis hijitos,
¿dónde están?

—Aquí estamos, mamaíta;
aquí estamos, gavilán;
pío, pío, pío,
los pollitos se te van.

Emma Pérez

[133]

ROMANCILLO DEL CORRO

———o———

¡Al corro!
¡Al corro!

A ensartar el ámbar
de nuestras canciones
en flexibles hilos…

¡Al corro!
¡Al corro!

A moler las flores
viejas del romance
con marfiles nuevos.

¡Al corro!
¡Al corro!

A romper el aire
los inquietos vidrios
con punzón de plata…

¡Al corro!
¡Al corro!

A verter la sal
que los dioses aman
en los labios puros…

¡Al corro!
¡Al corro!

R. Olivares Figueroa

CABALLITO DE FERIA

———o———

Caballito de feria,
quedo relincho,
en tu grupa, sentado,
trota mi niño.

Caballito ligero,
cartón teñido,
¡cuántos sueños cabalgan
en tus estribos!

Caballito de fuego,
luz, colorido,
ilusión principesca
sobre el tiovivo.

Antonio Gómez Yebra

EL BARQUITO DE PAPEL

———◦———

Con la mitad de un periódico
hice un barco de papel,
en la fuente de mi casa
le hice navegar muy bien.
Mi hermana con su abanico
sopla y sopla sobre él.
¡Buen viaje, muy buen viaje,
barquichuelo de papel!

Amado Nervo

CORTESÍA

———◦———

Limón, limonero,
las niñas primero.

Ceder la derecha,
quitarse el sombrero,
jugar a la dama
y a su caballero.

Limón, limonero,
las niñas primero.

Mirta Aguirre

CORRE QUE TE PILLO

———o———

¡Corre que te corre!...

¡A correr, mi niño,
sobre la hierba verde
y el tomillo!...

¡A correr, que el viento
peinará tus rizos
y las mariposas
bailarán contigo!...

¡Corre que te corre!...
¡Corre que te pillo!...

Se cansó mamita:
corre tú solito.

Ángela Figuera Aymerich

JUEGO

———o———

La guinda roja,
buscar, buscar,
entre las hojas,
coral, coral.

El tronco viejo,
gomar, gomar,
el zorzalejo,
brincar, brincar.

El cielo puro,
solar, solar,
es más oscuro,
trepar, trepar.

El suelo negro,
opal, opal,
es rojinegro,
mirar, mirar.

Efraín Barquero

PIPIRIGAÑA

———o———

Jugando a los niños
—¡pipiripingo!—
te pongo y te quito.

Te engaño, te enseño
—¡pipiripí!, el quiebro—.
¿Lo viste? No es eso.

La mano al derecho.
La mano al revés.
¿Lo has pensado bien?

Una, dos y tres.
¿Lo viste? ¿Lo ves?
Pues no hay más que ver.

El pájaro —mira—,
una, dos y tres,
volando se fue.

Gabriel Celaya

[137]

CABALLITO BLANCO

———o———

Caballito blanco,
caballito negro...,
dime la verdad,
Soledad.
Yo te la diré,
ven acá:

Tengo, tengo, tengo...
tú no tienes nada.
Tengo tres ovejas
en una cabaña:
una me da leche,
otra me da lana,
otra me da queso
toda la semana.

Popular

RONDA DEL LEÓN

—◦—

A la rueda rueda,
rueda como puedas,
con o sin las ruedas,
que si no te ruedas.

Al rondón rondón,
se escapó un león
con dientes de seda
y uñas de cartón.

Al rondín rondín,
en un gran festín,
perdió la melena
y usa peluquín.

A la ronda ronda,
que nadie se esconda…
griten grrr al león
para que responda.

Marcos Leibovich

EL PAPELOTE PERDIDO*

—◦—

Una vez en Santa Clara,
mi abuelo me dio un «cantor»
—un papelote— tenor
de un lote que fabricara.
No quería que se marchara
antes de verlo empinado.
Varias bolas de hilo usado
y, en el patio, el «cantor» sube,
sube, sube… ¡toca nube!
¡Nunca más ha regresado!

Carlos Carrillo Valdés

* Papelote cantor es una clase de cometa.

CABALLITO DE MADERA

———○———

Esta tarde está lloviendo
y el viento en la calle suena.
¿Adónde me llevas hoy,
caballito de madera?

¿Me llevarás junto al mar
para jugar en la arena,
con caracolas de nácar
y ramilletes de perlas?

¿O me llevarás al cielo,
que esta noche hay luna nueva,
para que juegue a esconderme
entre luceros y estrellas?

¿O, tal vez, a una montaña,
envuelta en tules de niebla
para que en la nieve blanca
dibujemos nuestras huellas...?

Caballito de madera...
¿adónde a jugar me llevas?
Esta tarde está lloviendo...
¡No me lleves a la escuela!

Llévame a jugar, caballo,
sobre tu silla de tela,
a cabalgar con las nubes
y a echar al viento carreras.

Carlos Reviejo

TROMPO BAILARÍN

———○———

Baila que baila,
mi caballero.
Capa ceñida.
Punta de acero.

Cuando tú bailas
florece el viento
en clavelitos
volatineros.

Zumba que zumba,
mi maronero.
¡Que te mareas!
¡Remolinero!

Ester Feliciano

[140]

Cada uno su oficio

[142]

9.   ¿Qué seréis cuando seáis mayores? Y los niños desgranan un rosario de nombres: fotógrafo, astronauta, zapatero, maestro, albañil, titiritero, futbolista… Pero, con toda seguridad, ellos preferirían ser confiteros y hacer enormes tartas de chocolate y nata.

[144]

El lancero y el fotógrafo

———○———

—Quiero retratarme, quiero,
con mi traje de lancero,
con mi casco y su plumero
¡y quiero ser el primero!

—Quietecito, quietecito
con la lanza, el caballero.
Que va a salir, volando,
de esta casa un pajarito.

—¿Qué pajarito?
—Un pajarito jilguero.
—¡Pues lo quiero!
—¡Qué mal lancero!

Rafael Alberti

El vendedor de piñas

———○———

En la esquina,
el vendedor.
Una voz con cascabeles
y un burrito de algodón.

—Niños y niñas,
¡llorad por piñas!

El pregón
sube por la calle arriba.
Las puertas se llenan
de llantos y risas.

—¡Madre,
yo quiero una piña!

Cuando se aleja la voz,
algarabía
de gritos.

Sonríe el sol.

Juan Rejano

PÁJARO EJEMPLAR

———o———

El pájaro carpintero
en cualquier árbol instala
fino taller maderero.

Es un obrero de fama
que construye con esmero:
todo el bosque lo proclama.

Hacendoso, su martillo
clava y clava sin desgano.
Al terminar —muy sencillo—:
su salario es un gusano.

Altenor Guerrero

EL MAESTRO

———o———

Nieva la tarde,
nieva:
el maestro, ya muy viejo,
va repitiendo las letras.
Los niños juegan y cantan.
En la plaza, la merienda.

Sobre la tarde,
la campana de la iglesia
(nieva, nieva).
El maestro va cerrando
el libro de su existencia.
Nieva la tarde,
la tarde nieva.

Sobre la plaza, el maestro
cerca de la primavera.
Nieva la tarde,
nieva.
Los niños lloran
junto a la escuela.

Llora la tarde
soñando letras.
Nievan los niños
palomas sueltas.

José González Torices

CANCIÓN DE LAVANDERA

———○———

Lávate, paloma,
con aire mojado,
las patas y el pico,
la pluma y el vuelo volando volando.

Lávate la sombra,
luna distraída,
con jabón de estrella
y espuma de nube salina salina.

Lávate las hojas,
dormido verano,
con agua llovida
y esponja de viento salado salado.

El aire me lava,
la luz me despeina,
la traviesa espuma
me pone peluca de reina de reina.

María Elena Walsh

LOS TITIRITEROS

———o———

Los titiriteros
han llegado
al pueblo…

Polvo del camino,
los rostros morenos…

Un oso, una cabra
y un perro…

La polca del hambre
toca una trompeta
de metal muy viejo.

Joaquín González Estrada

HERMANO FRANCISCO

[148]

———o———

Zapatero,
zapaterillo,
zapatillero.
Si hay que matar al novillo,
no me hagas botas de cuero.

Que no las quiero,
zapaterillo,
zapatillero.

Que no las quiero,
si hay que matar al novillo,
si hay que matar al cordero.

Mirta Aguirre

PASA EL CIRCO

————○————

Pasa el circo por la calle.
Cuatro landós y una murga,
que en los oídos nos hurga
soplando su pasacalles.
Los atletas, la amazona,
los acróbatas, primicias
del circo de arena y lona.
Y —lentejuelas y rasos—
las deslumbrantes delicias
del coche de los payasos.

Gerardo Diego

[149]

EL PASTORCITO

————○————

Una nube trajo el agua
y otra nube trajo el sol;
sol, con pellico de olores,
que en la hierba se tumbó.

Pastor de apriscos de nubes,
rubio pastorcito, sol;
sol de las noches merinas
que trashuman el resol,
cuando el crepúsculo ordeña
sus vacadas
en tus establos, pastor...

Adriano del Valle

ODA AL ALBAÑIL TRANQUILO

El albañil
dispuso
los ladrillos.
Mezcló la cal, trabajó
con arena.

Sin prisa, sin palabras,
hizo sus movimientos
alzando la escalera,
nivelando
el cemento.

Hombros redondos, cejas
sobre unos ojos
serios.

Pausado iba y venía
en su trabajo
y de su mano
la materia
crecía.
La cal cubrió los muros,
una columna
elevó su linaje,
los techos
impidieron la furia
del sol exasperado.

De un lado a otro iba
con
tranquilas manos
el albañil
moviendo
materiales.
Y al fin
de
la semana,
las columnas, el
arco,
hijos de
cal, arena,
sabiduría y manos,
inauguraron
la sencilla firmeza
y la frescura.

¡Ay, qué lección
me dio con su trabajo
el albañil tranquilo!

Pablo Neruda

EL ÁNGEL CONFITERO

———o———

De la gloria, volandero,
baja el ángel confitero.

—Para ti, Virgen María,
y para ti, carpintero,
¡toda la confitería!

—¿Y para mí?

—Para ti.
granitos de ajonjolí.

A la gloria, volandero,
sube el ángel confitero.

Rafael Alberti

RONDA DEL ZAPATERO

———o———

Tipi tape, tipi tape,
tipi tape, tipitón,
tipi tape, zapa–zapa,
zapatero remendón.

Tipi tape todo el día,
todo el año tipitón,
tipi tape, macha–macha,
machacando en tu rincón.

Tipi tape en tu banqueta,
tipi tape en tu rincón,
tipitón con tu martillo
macha–macha–machacón.

¡Ay tus suelas, zapa–zapa,
zapatero remendón,
ay tus suelas, tipi tape,
duran menos que el cartón!

Tipi tape, tipi tape,
tipi tape, tipitón...

Germán Berdiales

MELONES

———○———

El hombre moreno y rudo
se hace polvo la garganta:
—¡Dos por veinte duros! ¡Oiga!
¡Azúcar! ¡Los doy a cata!

La niña delgada y leve,
flor de olivo, le acompaña.
Mira a la gente con ojos
negros, firmes, de gitana,
y repite: —¡Dos por veinte!
¡Compren, compren, que se acaban!

(Me van a quedar bastantes.)
—¡Vamos! ¡Que son mermelada!
(El próximo mercadillo
probaré con las manzanas.)

—¿Y si los vendemos todos
me comprarás una falda?

Los melones, esparcidos,
maduran al sol que abrasa.

Ana María Romero Yebra

SEGUIDILLA DE LA LAVANDERA

———o———

¡Qué bien lava mi niña!
¡Qué ropa tiende!
La va dejando blanca
como la nieve.

También el agua,
al pasar por sus manos,
sale más clara.

Popular

EL MOLINO

———o———

Sigue el agua su camino,
y, al pasar por la arboleda,
mueve impaciente la rueda
del solitario molino.

Cantan alegres
los molineros
llevando el trigo
de los graneros;
trémula el agua
lenta camina;
rueda la rueda,
brota la harina.

Y allá en el fondo
del caserío,
al par del hombre
trabaja el río.

La campesina tarea
cesa con el sol poniente,
y la luna solamente
guarda la paz de la aldea.

A. Fernández Grillo

[154]

Olas vienen y olas van

[156]

10. *El mar con sus rugientes olas, con sus playas de cálida arena y sus mis-teriosas islas, donde habitan las sirenas y los piratas guardan sus tesoros, ejerce una mágica atracción en los niños. Hasta en un barco de papel se puede recorrer los mares llevando como equipaje el deseo de aventura y los sueños.*

[157]

[158]

¡Hola!, que me lleva la ola

———o———

¡Hola!, que me lleva la ola;
¡hola!, que me lleva la mar.

¡Hola!, que llevarme dejo
sin orden y sin consejo,
y que del cielo me alejo,
donde no puede llegar.

¡Hola!, que me lleva la ola;
¡hola!, que me lleva la mar.

Lope de Vega

Caballito de mar

———o———

[159]

Caballito de mar, sólo un lucero,
jinete en ti, podría cabalgar.

Caballito de mar —pesebres
de madreperla y pistas de coral.

¡Quién con riendas de algas te guiara
al galope de un sueño por soñar!

¡Quién leve como un sueño o un lucero,
para ser tu jinete, caballito de mar!

Dulce María Loynaz

EL VIENTO

---○---

Adivina, adivinad...
Va por tierra,
va por mar.
No tiene piernas
y corre,
no tiene alas
y vuela.
Adivina, adivinad...
Va por tierra,
va por mar.

Eduardo Soler Fiérrez

[160]

LA PERLA

---○---

Madrecita, no llores,
quiero ir por el mar...
que me encuentre la noche
de una gran tempestad.

En un barco pirata,
navegar, navegar,
y soñar con tus ojos
y llorar y cantar.

Ver los peces extraños,
ver las flores del mar,
y bajar a cortarlas
por el verde cristal.

Madrecita, no llores,
que de nadie será
más que tuya, la perla
que yo encuentre en el mar.

Óscar Jara Azócar

EL VIEJO PIRATA

———○———

El viejo pirata
—está jubilado—
me mira y no habla…

Ni me da las gracias.

Le encontré la pipa
que perdió en la playa.

Después de pensarlo
me regala un ancla
bastante oxidada.

Como pesa tanto
no la llevo a casa…

Una gaviota
le habla al oído
todas las mañanas.

No sé qué le cuenta
que el viejo pirata
¡suelta unas palabras…!

Joaquín González Estrada

ALMEJITAS

―○―

Fuentecitas de la playa,
berdigones, coquinitas,
lanzad chorros de cristal,
que viene mi niña camino del mar.

¡Cómo se empinan las olas,
por verla pronto llegar!
Sus pisadas, arenas de oro
tiñendo de rosa van.

¡Almejitas de la playa,
lanzad chorros de cristal!

María Luisa Muñoz de Buendía

[162]

LA NIÑA QUE SE VA AL MAR

―○―

¡Qué blanca lleva la falda
la niña que se va al mar!

¡Ay niña, no te la manche
la tinta del calamar!

¡Qué blancas tus manos, niña,
que te vas sin suspirar!

¡Ay niña, no te la manche
la tinta del calamar!

¡Qué blanco tu corazón
y qué blanco tu mirar!

¡Ay niña, no te la manche
la tinta del calamar!

Rafael Alberti

CANTAR DE JIPIJAPA
(A los niños ecuatorianos)

———○———

Iba Jipijapa
jipijapapeando
en una barcaza
de remos muy largos.

Iba por el río,
Aguarico ancho,
con velitas blancas,
jipijapapeando.

Sombrero de paja
sentado al timón,
nave navegando
por el Ecuador.

Por el ancho río
va el barco velero,
por el Aguarico,
jipijacontento.

Julia Calzadilla

[163]

BANDAS DE FLAMENCOS

———○———

Bandas de flamencos
bordan las salinas.
La playa, desierta,
parece dormida.

En el horizonte
de azules y rojos,
vuelos de gaviotas
inundan los ojos.

Sobre el arrecife
la luna de plata.
¡Qué hermosa la noche
en Cabo de Gata!

Ana María Romero Yebra

El viaje

—Niña, me voy a la mar.
—Si no me llevas contigo,
te olvidaré, capitán.

En el puente de su barco
quedó el capitán dormido;
durmió soñando con ella:
¡Si no me llevas contigo!...

Cuando volvió de la mar
trajo un papagayo verde.
¡Te olvidaré, capitán!

Y otra vez la mar cruzó
con su papagayo verde.
¡Capitán, ya te olvidó!

Antonio Machado

[164]

Gaviotas

En la playa, gaviotas.
Sobre las peñas.
Sobre las olas.
Rondan la vela.
Juegan la ronda.

¡Como los niños
de las plazuelas!...
¡Gaviotas!

Pura Vázquez

Gafín Malapata

---○---

Gafín Malapata
no va nunca al mar,
pues aunque es pirata
no sabe nadar.

Gafín —¡vaya guasa!—
todo lo estropea;
en todo fracasa
y el mar le marea.

Gafín tiene un barco
todo de papel,
se metió en un charco
y se hundió con él.

Gafín ya se ha muerto;
le van a enterrar
en un verde huerto
muy lejos del mar.

Gafín, el pirata,
se fue a la otra vida
en cofre de plata
con cien salvavidas.

Al cielo ya sube
y —¡maldita sea!—
también en las nubes
Gafín se marea.

Carlos Reviejo

[165]

¡OH, EL MAR ES COMO UN PÁJARO!

(Canción marinera)

———○———

Dinos, mar:
¿Fueron pájaros
de la mañana
los que te dieron
las alas?

¿Cuántas alas
tienes, mar?
¡Ay!, no las puedo
contar...

Dinos, mar:
¿Fueron pájaros
de la tarde
los que te hicieron
cantar?

¿Cuántos trinos
tienes, mar?
¡Ay!, no los puedo
contar...

Dinos, mar:
¿Fueron pájaros
de la noche
los que tú quieres
soñar?

¿Cuántos sueños
tienes, mar?
¡Ay!, no los puedo
contar...

Dinos, mar:
¿Fueron pájaros?
¿Fueron pájaros?

María Mulet

[166]

MARTÍN PESCADOR
(A Blanca Nieves)

———◦———

El viento corre silbando
por el tubo de la flauta,
canción del mar,
marinero,
canción de sal
y de agua.
Mi jubón,
todo arrugado.
Mi falda,
toda mojada.
¿Dónde esconderé los lazos
y las cintas
de mi enagua?
¿Dónde contaré las cuentas
y los botones
de nácar?

En la cuesta, las encinas
se bajan y se levantan,
la luna haciendo cabriolas
se ha deshecho en mil rodajas.
Madre,
ya se fue la luna.
Madre,
ya no queda nada.

Marina Romero

[167]

[168]

La ronda del tiempo

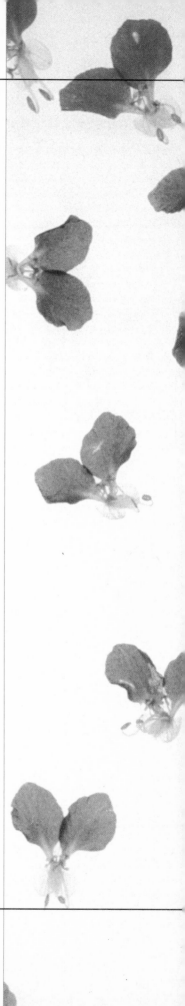

[170]

11. *Las estaciones, los días, las horas, el viento, el sol, alboradas y atar–deceres. Todo pasa en la ronda del tiempo, que gira y gira sin cesar. Sólo el encanto de la poesía podrá detenerla.*

[171]

[172]

LAS CUATRO ESTACIONES

———o———

PRIMAVERA

El sol en la ventana,
verde la acacia
y una rosa temprana,
llena de gracia.

Rasga el aire en un trino
la golondrina;
y el mirlo sobre el pino
su flauta afina.

VERANO

¡Vacaciones! Piscina
y un sol radiante;
playa y brisa marina
tonificante.

Siesta bajo las parras
—mosca molesta—;
orfeón de cigarras
—grillo en la cesta.

OTOÑO

El campo a tres colores
—verde, ocre y grana—;
el Curso en sus albores
¡y yo sin gana!

Mil hojas danzarinas
en ventolera…,
y, puntual en su esquina,
la castañera.

INVIERNO

Cae blanca la nieve
—Dios en la cuna—,
¡desde el cielo nos llueve
nuestra fortuna!

Turrones, fantasía
—¿regalo regio?—
y…, apenas pasa un día,
vuelta al Colegio.

Esteban Buñuel

[173]

ABRIL
(El día y Robert Browning)

———o———

—El chamariz en el chopo.
—¿Y qué más?

—El chopo en el cielo azul.
—¿Y qué más?

—El cielo azul en el agua.
—¿Y qué más?

—El agua en la hojita nueva.
—¿Y qué más?

—La hojita nueva en la rosa.
—¿Y qué más?

—La rosa en mi corazón.
—¿Y qué más?

—¡Mi corazón en el tuyo!

Juan Ramón Jiménez

[174]

OTOÑO

———o———

Otoño, viento amarillo,
vientecillo trotador
que el campo como a un asnillo,
carga con odres de olor.
Otoño, viento amarillo.

Adriano del Valle

PRIMAVERA

— ○ —

Primavera en flor,
la gala del campo,
con joyas y luces
te vistes tanto,
que planchas el traje
pelado de invierno
hasta hacerlo terso,
brillante, gallardo.

Primavera en flor,
niñita del campo,
que juegas al corro
con los enanos.
¡Primavera en flor,
la gala del campo!

Aurora Medina

AGOSTO

— ○ —

Agosto.

Contraponientes
de melocotón y azúcar,
y el sol dentro de la tarde,
como el hueso en una fruta.

La panocha guarda intacta
su risa amarilla y dura.

Agosto.

Los niños comen
pan moreno y rica luna.

Federico García Lorca

Rima de otoño

—○—

El otoño es muy inquieto,
es un niño juguetón
que empuja a las nubecillas
y le hace bromas al sol.

Toma la mano del viento
y despeina sin piedad
los cabellos del acacio
y las flores del rosal.

Este niño brusco y loco
viste túnica amarilla
y se arropa en las mañanas
con un manto de neblinas.

El otoño es muy inquieto,
es un niño juguetón
que no ama a las golondrinas
y que se burla del sol.

Melania Guerra

[176]

Rosa, pompa, risa

—○—

Con la primavera
mis sueños se llenan
de rosas, lo mismo
que las escaleras
orilla del río.

Con la primavera
mis rosas se llenan
de pompas, lo mismo
que las torrenteras
orilla del río.

Con la primavera
mis pompas se llenan
de risas, lo mismo
que las ventoleras
orilla del río.

Juan Ramón Jiménez

CANCIÓN TONTA DE LOS NIÑOS EN MARZO

——○——

Marzo, marcero,
buen carpintero,
luz sin arrugas,
cuchillo al viento.
Ventecico murmurador,
marzo, marcero,
verde el color.
Marzo, marcero,
sol pinturero,
las margaritas
oro en el suelo.
Ventecico murmurador,
nieve en la sierra
y el ruiseñor.

Marzo, marcero, gran caballero,
sombrero azul,
flor en el pelo.
Ventecico murmurador,
crece la espiga,
nace la flor...

¿Qué quieres, marzo,
marzo, marcero?
La Anunciación.
San Gabriel quiero,
y San José
venga el primero.

Celia Viñas

[177]

FIN DE INVIERNO

———○———

Cantan, cantan.
¿Dónde cantan los pájaros que cantan?

Llueve y llueve. Aún las casas
están sin ramas verdes. Cantan, cantan
los pájaros. ¿En dónde cantan?

No tengo pájaros en jaula,
no tengo niños que los vendan. Cantan.
El valle está muy lejos. Nada…

Nada. Yo no sé dónde cantan
los pájaros (y cantan, cantan),
los pájaros que cantan.

Juan Ramón Jiménez

EL SEÑOR RELOJ

———○———

Se calzó las botas
el señor reloj.
Se calzó las botas
para andar mejor...

Las doce, la una.
La una y las dos.
Redondo es el mundo
del señor reloj.

Dos patitas negras
le dio su creador.
Dos patitas negras
que iguales no son.

La patita larga
mide la extensión
con ágiles brincos
de pez volador.

La patita corta
siempre se quedó.
Éste es el secreto
del señor reloj.

Las doce, la una,
las dos y las tres,
las tres y las cuatro,
las cinco y las seis...

Las siete, las ocho,
las nueve, las diez,
las once, las doce.
¡De nuevo otra vez!

Gorrita de armiño,
botas de charol,
por la esfera blanca
va el señor reloj...

Lucía Condal

[179]

RETORNO

(Del sueño, de los sueños)

———○———

Tic-tac, tic-tac, tic-tac...
Otra vez el reloj.

¡Qui-qui-ri-quí!...
Y el gallo en la veleta de la aurora
quebrando albores y quebrando sueños.
Y quebrando también esta canción.

¡Qui-qui-ri-quí!...
Y su pico euclidiano
—pico de Prometeo— sobre mi corazón.

Aquí en mi pecho el tiempo.
(Tic-tac, tic-tac, tic-tac.)
Otra vez el reloj.

¡Qui-qui-ri-quí!...
Ya vuelven los pescadores de la noche.
Calla, calla, caracola del Sol.
Entre la niebla de los sueños
y por las ondas del cerebro
—mar en revuelta—
en su barquilla vieja
a tumbos, de nuevo, entra en la vida la razón.

Y tic-tac, tic-tac, tic-tac... ¡Qui-qui-ri-quí!
El gallo y el reloj.
El coro de lacayos que se ríe
al ver llegar a casa (¿de dónde?)
borracho a su señor.

(—Más allá de mi frente
y más allá del sol
hay una tierra blanca siempre
sin gallo y sin reloj.)

León Felipe

DIANAS

[181]

¡Cocorocó...!

(El gallo salió a la plaza,
roja cresta, alto espolón.)

¡Cocorocó...!

(Auroras le velan, velan,
en los cerros del Señor.)

¡Cocorocó...!

(Despierta, niño gandul,
que ya está saliendo el sol.)

¡Cocorocó...!

(Ya balan los corderillos,
triscando el heno y la flor.)

¡Cocorocó...!

Campanitas para el alba
desafían su reloj:
¡Tin, tan! ¡Tin, ton...!

A lo lejos —¡cu, cu, cu...!—,
el cuclillo alza su voz.
La campana: —¡Ton, tin, tan...!
El gallo: —¡Cocorocó...!

Pura Vázquez

EL AGUA QUE ESTÁ EN LA ALBERCA

———o———

El agua que está en la alberca
y el verde chopo son novios
y se miran todo el día
el uno al otro.
En las tardes otoñales,
cuando hace viento, se enfadan:
el agua mueve sus ondas,
el chopo sus ramas;
las inquietudes del árbol
en la alberca se confunden,
con inquietudes de agua.
Ahora que es la primavera,
vuelve el cariño; se pasan
toda la tarde besándose
silenciosamente. Pero
un pajarillo que baja
desde el chopo a beber agua,
turba la serenidad
del beso con temblor vago.
Y el alma del chopo tiembla
dentro del alma del agua

Pedro Salinas

A
verdear
el
aire

[184]

12. Como en la paleta del pintor, las palabras esperan para que con ellas describamos el mundo que nos rodea: los árboles, las flores, los frutos… Hasta verdear el aire con los ramos de olivo, como aquella paloma mensajera de la Paz.

[186]

Canción quince

———○———

Ramo de oliva, vamos
a verdear el aire,
que todo sea ramos
de olivos en el aire.

Defendemos la tierra
roja que vigilamos.
Que todo sea ramos
de olivos en el aire.

Puestos en pie de paz,
unidos, laboramos.
Ramo de oliva, vamos
a verdear el aire.

A verdear el aire.
Que todos seamos ramos
de olivos en el aire.

Blas de Otero

Primera página
(A Isabel Clara, mi ahijada)

———○———

Fuente clara.
Cielo claro.

¡Oh, cómo se agrandan
los pájaros!

Cielo claro.
Fuente clara.

¡Oh, cómo relumbran
las naranjas!

Fuente.
Cielo.

¡Oh, cómo el trigo
es tierno!

Cielo.
Fuente.

¡Oh, cómo el trigo
es verde!

Federico García Lorca

La granada

───○───

Abrir la granada quiero.
Pero no para comerla.
Es para ver su joyero.

Ana María Romero Yebra

Sandía

───○───

¡Del verano, roja y fría
carcajada,
rebanada
de sandía!

José Juan Tablada

Brotes nuevos

───○───

Hojita verde
recién estrenada
con brillo de lumbre,
¿quién te ha barnizado
que así reluces?

Capullo apretado de hojas
—promesa—,
¿cómo será el sol
de la primavera?

Aurora Medina

MADRIGALILLO

Cuatro granados
tiene mi huerto.

(Toma mi corazón
nuevo.)

Cuatro cipreses
tendrá tu huerto.

(Toma mi corazón
viejo.)

Sol y luna.
Luego…
¡ni corazón
ni huerto!

Federico García Lorca

[189]

EL PINO

Hay un cálido agujero
en el corazón del pino
y el pájaro carpintero
—por cierto recién casado—
va a alquilarlo como nido.

—Somos pobres, señor árbol,
miramos la economía…
¿Nos cobrará usted muy caro?
—¡Qué va! Si sólo lo alquilo
para tener compañía.

En invierno, cuando hiela,
mi copa os abrigará.
Tengo la despensa llena
de riquísimos piñones.
¿Qué más podéis desear?

Ana María Romero Yebra

Huerta
(Recuerdo de Quevedo)

———o———

Doña Ensalada,
para algo urgente,
toda su gente
tiene citada:

Madre Lechuga, Padre Tomate,
Pica Pimienta, Berro de Aguas,
Tío Rabanito, Don Aguacate,
Hoji Alcachofa Quítale Enaguas.

La Remolacha, Nabo Modesto,
Coliflor Fresca, Señor Pepino,
Robusta Acelga y Ajo Dentino,
Berza y su esposo Repollo Apuesto.

La Zanahoria, La Berenjena,
la señorita Verde Espinaca,
Punta de Espárrago, siempre flaca,
Doña Cebolla Carirrellena.

Apio de Queso, Mostaza Ardiente,
Aceite Oliva, Niña Aceituna,
Señor Salero y Comadre Fuente.

Todos citados para algo urgente.
Todos a una.
En la cocina, naturalmente.

Mirta Aguirre

[190]

CANTAR DE ZARIGÜEYA, DOÑA AGÜITA
Y PLATANOCOCIDO

(A los niños hondureños)

Anda Zarigüeya
con delantal blanco,
allá en la cocina
preparando «guabo».

Platanococido,
que sintió el olor,
se puso el sombrero
y hacia allí corrió.

Doña Agüita, al verlo,
se puso un vestido,

zapaticos negros,
lazos amarillos.

Y allí en la cocina,
cogidos de manos,
andan los tres juntos
preparando «guabo».

Para los vecinos,
para todo el barrio.

Julia Calzadilla

[191]

LA ESTRELLA VENIDA

En el naranjo está la estrella.
¡A ver quién puede cojerla!*

¡Pronto venid con las perlas,
traed las redes de seda!

En el tejado está la estrella.
¡A ver quién puede cojerla!

¡Oh, qué olor a primavera
su pomo de luz eterna!

En los ojos está la estrella.
¡A ver quién puede cojerla!

¡Por el aire, por la yerba,
cuidado que no se pierda!

¡En el amor está la estrella!
¡A ver quién puede cojerla!

Juan Ramón Jiménez

---

* Se respeta la particular ortografía del autor.

BODA

———○———

Se casa Rojo Clavel,
se casa Clavelirrojo,
con la Matica de Hinojo
que se ha enamorado de él.
El padrino,
Gallo Fino;
la madrina,
Puercaespina;
los testigos,

Doña Higuera
de los Higos
y Jazmín de Enredadera.

Se casa Rojo Clavel,
se casa Clavelirrojo,
con la Matica de Hinojo
que se ha enamorado de él.

Mirta Aguirre

[192]

LA PALMERA

———○———

La palmera del parque,
verde abanico,
penacho de ilusiones
para mi niño
que quiere hacerse grande…
—¿Con qué motivo?
—Para coger un dátil
de su racimo.

Ana María Romero Yebra

ALGUNAS FRUTAS DE CUBA

———○———

Escojo para mi canto
la décima campesina,
que el cubano tanto estima;
me perdone que entretanto
la piña me agrade tanto,
la naranja, el marañón,
mamey, plátano y anón,
mango, coco y canistel,
de guayaba un buen pastel.
Cierro con caña y melón.

Carlos Carrillo Valdés

[194]

Paisajes

[196]

13. *La nieve cubriendo de un manto blanco los campos; la luna paseando por las plazas; el viento levantando olas… En nuestra casa, por la pantalla de la imaginación, desfilarán paisajes que sólo los poetas saben ver.*

[198]

PAISAJE

———o———

La tarde equivocada
se vistió de frío.

Detrás de los cristales,
turbios, todos los niños
ven convertirse en pájaros
un árbol amarillo.

La tarde está tendida
a lo largo del río.
Y un rubor de manzana
tiembla en los tejadillos.

Federico García Lorca

¡IREMOS A LA MONTAÑA!
(fragmento)

———o———

A la montaña,
nos vamos ya,
a la montaña
para jugar.

En sus laderas
el árbol crece,
brilla el arroyo,
la flor se mece.

Qué lindo el aire,
qué bello el sol,
azul el cielo,
se siente a Dios.

Alfonsina Storni

LA ESTRELLA SE ESTÁ BAÑANDO

———○———

En el agua del arroyo
la estrella se está bañando.

—Báñate, estrella, en el mar.

—No, que las conchas del fondo
me podrían secuestrar.

—Báñate, estrella, en el río.

—Yo no me baño en el río,
que están los juncos pescando
lágrimas para el rocío.

Federico Muelas

[200]

EL SILBO DEL DALE

———○———

Dale al agua, molino,
hasta nevar el trigo.

Dale a la piedra, agua,
hasta ponerla mansa.

Dale al molino, aire,
hasta lo inacabable.

Dale al aire, cabrero,
hasta que silbe tierno.

Dale al cabrero, monte,
hasta dejarle inmóvil.

Dale al monte, lucero,
hasta que se haga cielo.

Dale, Dios, a mi alma
hasta perfeccionarla.

Dale que dale, dale,
molino, piedra, aire,

cabrero, monte, astro,
dale que dale largo.

Dale que dale, Dios,

¡ay!

hasta la perfección.

Miguel Hernández

Viento de Levante

———○———

¡Viento de Levante!
¡Que silbe, que cante!

¡Viento de Poniente!
¡Que venga, que entre!

Puerto de Almería.
Las barcas, varadas,
las redes tendidas.

Y los pescadores
mirando al mar bravo
por los espigones.

Ana María Romero Yebra

[201]

Blanco

———○———

Albores del día
llegaron llamando.
Desde mi ventana
se ve todo blanco.

Blancos los caminos;
blancos los tejados;
la veleta blanca
y blancos los campos.

La Tierra, coqueta,
se cubrió de un manto
de algodón ligero,
blanco, blanco, blanco…

Carlos Reviejo

MADRIGAL DE UN PAISAJE HÚMEDO

———○———

Aguja del pensamiento,
para esta niña tan rubia
labra un vestidito azul.

Cada puntada es un cuento:
que presta el hilo la lluvia,
la mar en calma da el tul,

y ya se lo pone el viento.

Dámaso Alonso

[202]

CAJA DE COLORES

———○———

Está la casita
debajo de un árbol.
Durmiendo en el techo
un gato alargado.

Hay un caminito
de ladrillo rojo,
que llega a la orilla
del estero de oro.

Dos patitos nadan
y viene un ternero
buscando a la vaca
tendida en el trébol.

Con sus ovejitas
ya vuelve el pastor.
Se esconde en el cerro
la cara del sol.

Óscar Jara Azócar

AMANECER

———○———

Cuando ya han desvanecido
las estrellas su fulgor,
un gallo alborotador
despierta al día dormido.

El velo gris de los cielos
en silencio se desata...
¡mil trinos rasgan en vuelos
tules con hebras de plata!

Y cuando la luz se dora
como la miel transparente...
¡se levanta por Oriente
el sol detrás de la aurora!

Esteban Buñuel

[203]

LUNA LUNERA

———○———

Luna lunera,
cascabelera,
rodando sola
sin compañera.

Luna lunilla,
cabezoncilla,
toda la noche
brilla que brilla.

Luna lunada,
semimojada,
por el arroyo
nada que nada.

Luna luneta,
corniveleta,
jugando al toro
por la glorieta.

Carlos Murciano

La luna ha salido sola

———◦———

La luna ha salido sola,
como una novia sin cola
… porque tiene su farol.

La luna no tiene miedo
y no le tiembla ni un dedo
… porque tiene su farol.

Pero cuando el gallo canta,
la luna escapa y se espanta…
¡Ah!… ¡se apagó su farol!

Marcos Leibovich

[204]

No tengas miedo al ruido

———◦———

No tengas miedo al ruido
que se oye fuera,
es el viento que corre
sobre la hierba.

No tengas miedo al viento,
que él es tu amigo,
el viento Sur es bueno
para los niños.

Y cuando llega el día
saldrás al campo
y jugarás con el viento
sobre los prados.

José Luis Hidalgo

EL PUENTE

———o———

¡Qué hermoso se ve el puente
de piedra bajo el río!

Abajo, la corriente;
arriba, el caserío.

¡Qué hermoso se ve el puente
de piedra bajo el río!

Amado Nervo

SE CAYÓ LA LUNA

[205]

———o———

En el pozo —pozo—
la Luna cayó.

—¿Quién la sacará?
—Pues quien la tiró.
—Que la saque el Viento.
—No, que se marchó
a rizar el mar;
el bosque lo vio.

—Que la saque el Búho.
—No, que se asustó
y salió volando
el viejo gruñón.

—Que la saque entonces,
cuando llegue, el Sol.

El Sol, orgulloso,
no se preocupó
de la pobre Luna
que al pozo cayó.
Y en el agua —agua—,
igual que el jabón,
se gastó la Luna
cuando él alumbró.

Emma Pérez

LA NEVADA

Cuando el viento barre
las cumbres del cielo,
llueven estrellitas
blancas sobre el suelo.

Las más comedidas
caen silenciosas
jugando en el aire
como mariposas.

Otras, más traviesas,
unen sus aristas
y hacen acrobacias
de paracaidistas.

Y, así, aunque a millares
posen sobre el río
¡no logran vestirlo
con blanco atavío!

En cambio mi calle…,
¡parece una alfombra
de pétalos níveos
sin mancha ni sombra!

Un sol despistado
—y en brumas cautivo—
toma por almendros
los viejos olivos.

Y un hondo silencio
—del cielo llovido—
serena el ambiente
y aviva el sentido.

Esteban Buñuel

COMO TÚ

—————○—————

Así es mi vida,
piedra,
como tú; como tú,
piedra pequeña;
como tú,
piedra ligera;
como tú,
canto que ruedas
por las calzadas
y por las veredas;
como tú,
guijarro humilde de las carreteras;
como tú,
que en días de tormenta
te hundes
en el cieno de la tierra
y luego
centelleas
bajo los cascos
y bajo las ruedas;
como tú, que no has servido
para ser ni piedra
de una Lonja,
ni piedra de una Audiencia,
ni piedra de un Palacio,
ni piedra de una Iglesia,

como tú,
piedra aventurera;
como tú,
que, tal vez,
estás hecha
sólo para una honda,
piedra pequeña
y
ligera…

León Felipe

[208]

La flauta de cristal

[210]

14. *Al ritmo de la flauta de cristal bailarán los elefantes, cantarán los enanos, y, al embrujo de sus notas, se unirán el mirlo, el sapo cancionero, los violines, las trompetas. Pero cuando suenen las campanas, callará la flauta de cristal y sólo oiremos sus lenguas de bronce: ¡din, dan!, ¡din, dan!...*

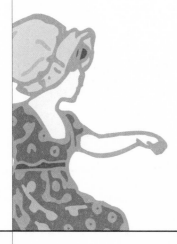

[212]

La flauta de cristal

───○───

Enanitos a la ronda,
que ya el día va a nacer,
brilla el oro en la caverna,
que los hombres no han de ver.

Escondido en la montaña
el tesoro ha de quedar;
el secreto está en la ronda
y en la flauta de cristal.

Las chinelas son de plata
con hebillas de rubí,
son los ojos de jacinto
y la boca carmesí.

Tilín, tilón, tilán,
dejar de trabajar,
tilín, tilón, tilán,
amigos a rondar.
Tilín, tilón, tilán,
tilín, tilón, tilán,
sólo el secreto sabe
la flauta de cristal.

Óscar Jara Azócar

[213]

El mirlo

───○───

El mirlo se pone
su levita nueva,
recoge su flauta,
sube a la azotea
e inicia el concierto
de la primavera:
la fusa confusa,
la semicorchea,
la sol fa mi re do,
la blanca, la negra...

(Sobre la espadaña
rota de la iglesia,
va siguiendo el ritmo
la vieja cigüeña.)

Carlos Murciano

CAMPANAS

———○———

Las claras campanas
en claras mañanas
su clara voz dan:
tintán y tintán.

Por plazas y calles,
por lomas y valles,
llamándonos van:
tintán y tintán.

De escuela en escuela
su música vuela:
tintán y tintán,
tintán y tintán.

Germán Berdiales

SAPO CANCIONERO

———○———

Saltando contento
el sapito va,
y al caer la noche
se oye su cantar.

—Sapo del camino,
¡qué arrugado estás!

—No tengo otro traje
y no sé planchar.

—Sapo cancionero,
¿quién te planchará?

—Lo hará mi sapita,
que esperando está.

—Sapo enamorado,
¡qué contento vas!

—Es que a medianoche
me voy a casar.

Y, saltando alegre,
canta su cantar,
mientras el camino
va dejando atrás.

Carlos Reviejo

ALBORADA

———o———

Como lágrimas de plomo
en mi oído dan,
y en tu sueño, niña, como
copos de nieve será.

A la hora del rocío
sonando están
las campanitas del alba.
¡Tin tan, tin tan!

¡Quién oyera
las campanitas del alba
sentado a tu cabecera!
¡Tin tan, tin tan!

Las campanitas del alba
sonando están.

Antonio Machado

EL VIOLÍN

———o———

Sí.
   Sí.
      ¡Soy el violín!
Sigo
    y me siguen.
Río
    y se ríen.
Grito,
    deliro,
trino
    sin fin...

Jaime Ferrán

FRAY ANTÓN TIENE UNA BURRA

———o———

Fray Antón
tiene una burra
con su albarda
y su albardón.

En la burra
lleva un gato,
que se llama
Zapirón.

—Fray Antón,
que se para la burra,
Fray Antón,
diciéndole: «¡So!».

Popular

[216]

MOLINO SALINERO

———o———

Tres granos de sal
miran al molino
llevando el compás.

Uno lo jalea,
el otro lo aplaude,
y el más chiquitito
le pide que baile.

Tres granos de sal
hay bajo el molino
llevando el compás.

Concha Lagos

¡Adelante el elefante!

———o———

¡Adelante,
que baile el elefante
en las dos patas de alante!

No puedo, señor domador,
en las patas de atrás es mejor.

¿Quién se lo dijo, señor?

Me lo dijo Elena,
cuando se fue a la verbena.

Me lo dijo Pancha,
cuando se fue de cumbancha.

Me lo dijo Don Pedro Borbón,
comiendo melón.

¡Que baile un danzón
Don Pedro Borbón.
Que baile una samba
Don Pedro Caramba.
Que baile una rumba
Don Pedro Turumba!

¿No lo ves?
Lo verás.

¡A las dos, a las dos, a las tres,
a las tres, a las tres y no más!

Nicolás Guillén

[217]

RECUENTO

———o———

Un pájaro:
       limpio trino.

Dos pájaros:
       suave nido.

Tres pájaros:
       concierto.

Cuatro pájaros:
       revuelo.

Una escuadrilla de pájaros:
       ¡qué júbilo invade el cielo!

Altenor Guerrero

[218]

EL CONTRABAJO

———o———

Toca,
    toca
        con trabajo
            el contrabajo
bajo y ronco,
       ronco y bajo,
con su canción a destajo,
       que el más alto
de los músicos
        toca con gran desparpajo
grave y sordo
       y hacia abajo,
bajo,
    bajo,
       el contrabajo.

Jaime Ferrán

¿QUIÉN?

———o———

¿Quién quiere aceituna,
quién quiere melón,
cañutos de caña,
sopa de pichón?

        —¡Yo, yo, yo!

Pues que baile un son.

¿Quieres tú la estrella
que anoche encendí,
y una mariposa
de hierro y marfil?

        —¡Sí, sí, sí!

Pues que baile aquí.

Muela de cangrejo,
verde platanal,
heridas de amor
nunca sanarán.

        Nicolás Guillén

[219]

ADIVINANZA DE LA GUITARRA

———o———

En la redonda
encrucijada,
seis doncellas
bailan.
Tres de carne
y tres de plata.

Los sueños de ayer la buscan,
pero las tiene abrazadas
un Polifemo de oro.
¡La guitarra!

        Federico García Lorca

LA TROMPETA

Ea,

      ea,

           la trompeta
que,

      de pronto,

           trompetea
con su lengua

           seca y breve
      breve y seca
con la que a toda la orquesta
      señorea.

      Cuando la música cesa
suena aún,

           lejana y terca,

la trompeta.

Jaime Ferrán

[220]

EL CANARIO
(fragmento)

————o————

Dicen que el canario
se tragó una flauta;
dicen que por eso,
cuando llora, canta.

Dios lo hizo de oro,
de oro sus alas,
de oro sus trinos,
de oro su garganta.

Dicen que el canario
se tragó una flauta,
dicen que por eso
canta, canta y canta.

Carlos Barella

SEGUIDILLAS DEL GUADALQUIVIR

[221]

————o————

Río de Sevilla,
¡cuán bien pareces
con galeras blancas
y ramos verdes!

Vienen de Sanlúcar
rompiendo el agua,
a la Torre del Oro
barcos de plata.

Barcos enramados
van a Triana,
y el primero de todos
me lleva el alma.

A San Juan de Alfarache
va la morena
a trocar con la flota
plata por perlas.

Zarpa la capitana,
tocan a leva,
y los ecos responden
a las trompetas.

Lope de Vega

[222]

ÍNDICE ALFABÉTICO DE AUTORES Y NACIONALIDADES

———○———

Olivares Figueroa, R. (V)
Ossorio Bernard, Manuel (E)
Otero, Blas de (E)

Pérez, Emma (C)
Pérez Perozo, V. M. (V)

Réboli, Ida (AR)
Rejano, Juan (E)
Reviejo, Carlos (E)
Rivero Blanes, Luis (E)
Romero, María (E)
Romero Yebra, Ana María (E)
Rueda, Salvador (E)

Samaniego, Félix María de (E)
Salinas, Pedro (E)
Soler Fiérrez, Eduardo (E)
Soto, Apuleyo (E)
Storni, Alfonsina (AR)

Tablada, José Juan (M)

Tallón, José Sebastián (AR)
Unamuno, Miguel (E)

Valle, Adriano del (E)
Vázquez, Pura (E)
Villafañe, Javier (AR)
Villalón, Fernando (E)
Viñas, Celia (E)

Walsh, María Elena (AR)

AR = Argentina
CR = Costa Rica
C = Cuba
CH = Chile
E = España
M = México
N = Nicaragua
PR = Puerto Rico
U = Uruguay
V = Venezuela

[224]

Bibliografía

AGUIRRE, Mirta. *Juegos y otros poemas.*
La Habana: Gente Nueva, 1974.

ALBERTI, Rafael. *Poesías.* Madrid:
Aguilar, 1988.

— *Rafael Alberti para niños.* Madrid:
Ediciones de la Torre.

ALONSO, Dora. *El grillo caminante.*
La Habana: Gente Nueva, 1985.

ANÓNIMO

— *Dongolondrón, con dongolondrera.*
Cancionero de la lírica tradicional
(edición de Gerardo Escodín).
Barcelona: Orbis, 1983.

— *Fray Antón tenía una burra.* Popular.

— *La boda de los gatos* (popular).

— *La cunita* (del folclore popular).
En *350 Poesías para niños.*
Buenos Aires: Atlántida, 1958.

— *Romance de don Gato.* En *Fiesta,*
de Herminio Almendros.
Barcelona: Teide, 1967.

— *Seguidilla de la lavandera* (popular).

— *Señora Santa Ana* (del folclore
popular).

— *Sal, sol, solito...* Cancionero de la
lírica tradicional (edición de
Gerardo Escodín). Barcelona:
Orbis, 1983.

— *El pelele, Trabalenguas, Caballito
blanco, Ésta era una madre...* (del
folclore popular), recopiladas por

Moreno Villa en *Lo que sabía mi loro.*
Madrid: Alfaguara, 1976.

BARELLA, Carlos. *Mis amigos.*
Santiago de Chile: Zig-Zag.

BARQUERO, Efraín. *Poemas infantiles.*
Santiago de Chile:
Zig-Zag, 1964.

BERDIALES, Germán. *Los versos.*
Buenos Aires: Acme, 1959.

— *Nuevo ritmo de la poesía infantil*
Buenos Aires: Hachette, 1957.

BUÑUEL, Esteban. *Quiero ser
astronauta.* Madrid: Bruño.

CALZADILLA, Julia. *Cantares de la
América Latina y el Caribe.* La Habana:
Ediciones Casa de las Américas,
1981.

CARRILLO VALDÉS, Carlos. *Poemas
para mi hijo* (inédito).
La Habana.

CARRILLO MORÍN. *Kindergarten de
estrellas.* Caracas.

CASONA, Alejandro. En *Poesía infantil
recitable,* de José Luis Sánchez
Trincado y R. Olivares Figueroa.
Madrid: Compañía Literaria,
1994.

CELAYA, Gabriel. *Gabriel Celaya para
niños.* Madrid: Ediciones de la Torre.

— *La voz de los niños.* Barcelona: Laia,
1972.

CONDE, Carmen. *Canciones de nana y de desvelo.* Valladolid: Miñón, 1985.

DARÍO, Rubén. *Poemas de Otoño y otros poemas.* Madrid: Espasa-Calpe, 1940.

DIEGO, Gerardo. *1.ª Antología de sus versos.* Madrid: Espasa-Calpe, 1968.

D'ORS, Eugenio. En *La isla llena,* de Aurora Díaz-Plaja. Barcelona: Teide, 1971.

FELIPE, León. *León Felipe para niños.* Madrid: Ediciones de la Torre, 1986.

FERRÁN, Jaime. *Cuaderno de Música.* Valladolid: Miñón, 1983.

FUENTE, Efraín de la. *Teatro y poemas escolares.* Santiago de Chile.

FUERTES, Gloria. *El hada acaramelada.* Madrid: Escuela Española.

— *El camello cojito.* Madrid: Igreca Ediciones, 1973.

— *Pirulí.* Madrid.

GARCÍA LORCA, Federico. *Obras completas.* Madrid: Aguilar, 1965.

GARRIDO LOPERA, José María. *Federico García Lorca y los niños.* León: Everest, 1979.

GÓMEZ YEBRA, Antonio A. *Animales poéticos.* Madrid: Escuela Española, 1987.

GONZÁLEZ ESTRADA, Joaquín. *Monigote pintado.* Valladolid: Miñón, 1982.

GONZÁLEZ TORICES, José. *Palomas sueltas.* Madrid: Escuela Española, 1989.

GOYTISOLO, José Agustín. *El lobito bueno.* Barcelona: Laia, 1983.

GUERRA, Melania. *Girasol.* Santiago, 1944.

GUERRERO, Altenor. *Escritura de pájaros.* Santiago de Chile, 1959.

GUILLÉN, Nicolás. *Por el mar de las Antillas anda un barco de papel.* La Habana: Unión de Escritores y Artistas de Cuba, 1978.

HERNÁNDEZ, Miguel. En *Miguel Hernández para niños.* Madrid: Ediciones de la Torre, 1979.

HIDALGO, José Luis. *Canciones para niños.* Santander: Editorial Cantalapiedra, 1951.

IRIARTE, Tomás de. *Las mejores fábulas.* Barcelona: Bruguera, 1973.

JARA AZÓCAR, Óscar. *Mis mejores versos para niños.* Santiago de Chile: Orbe, 1965.

— *La poesía y el teatro en la escuela.* Santiago de Chile.

JIMÉNEZ, Juan Ramón. *Libros de poesía.* Madrid: Aguilar, 1959.

— *Canta, pájaro lejano.* Madrid: Espasa-Calpe, 1981.

LAGOS, Concha. *En la rueda del viento.* Valladolid: Miñón.

LEIBOVICH, Marcos. *Canciones infantiles.* Buenos Aires: Kapelusz, 1954.

LOYNAZ, Dulce María. *Bestiarium.* La Habana: Editorial José Martí, 1993.

LUJÁN, Fernando. En *Los mejores versos para niños,* de María Romero. Santiago de Chile: Zig-Zag, 1960.

LLEONART, Yolanda. *Ruedo, rueda.* Montevideo, 1941.

MACHADO, Antonio. *Obras completas.* Madrid: Espasa-Calpe.

MACHADO, Manuel. *Alma,* 1902.

MARTÍN ALMAGRO, Victoria. *El Chápiro Verde.* Ciudad Real: Área de Cultura de la Excma. Diputación de Ciudad Real, 1996.

MEDINA, Aurora. *Cuentos, juegos y poesías.* Madrid: Sucesores de Rivadeneyra, S. A., 1961.

MISTRAL, Gabriela. *Antología.* Santiago de Chile: Zig-Zag, 1957.

MORALES, M.ª Luz. En *La isla llena,* de Aurora Díaz-Plaja. Barcelona: Teide, 1971.

MORALES, Rafael. En *La isla llena,* de Aurora Díaz-Plaja. Barcelona: Teide, 1957.

MUELAS, Federico. En *Cuentos, juegos y poesías,* de Aurora Díaz-Plaja.

MEDINA, Aurora. Madrid: Sucesores de Rivadeneyra, 1961.

MULET, María. *Somos amigos.* Madrid: Ediciones Hernando.

MUÑOZ DE BUENDÍA, M.ª Luisa. En *Poesía infantil recitable,* de José Luis Sánchez Trincado y R. Olivares. Madrid: Compañía Literaria, 1994.

MURCIANO, Antonio. *Diabluras y angelerías.* Madrid: Escuela Española.

MURCIANO, Carlos. *La bufanda amarilla.* Madrid: Escuela Española, 1988.

— *La niña calendulera.* Madrid: SM, 1989.

— *La rana mundana.* Madrid: Bruño, 1989.

NERUDA, Pablo. *Tercer Libro de las Odas.* Buenos Aires: Losada, 1972.

NERVO, Amado. *Cantos escolares.* México.

OLIVARES FIGUEROA, R. En *Poesía infantil recitable,* de José Luis Sánchez Trincado y R. Olivares Figueroa. Madrid: Compañía Literaria, 1994.

OTERO, Blas de. *País* (antología). Barcelona: Plaza & Janés, 1971.

PÉREZ, Emma. *Isla con sol.* La Habana: La Cultural.

RÉBOLI, Ida. *Chiribín.* Buenos Aires: La Obra, 1962.

REJANO, Juan. *La mirada del hombre.* Madrid: Editorial Casa de Campo, 1978.

REVIEJO, Carlos. *Animalario en adivinanzas* (en colaboración con Eduardo Soler Fiérrez). Madrid: Susaeta, 1990.

— *Cuentos de Arco Iris.* Barcelona: Vicens-Vives, 1981.

— *Dragonalia.* Miñón: Valladolid, 1988.

— *¡Que vienen los piratas!* Madrid: Susaeta, 1996.

RIVERO BLANES, Luis. *Poesías.* Sevilla, 1980.

ROMERO YEBRA, Ana María. *Amigos verdes.* Madrid: Hiperión, 1996.

— *Cancionerillo de Almería.* Almería: Breviarios Mar de Alborán, 1995.

ROMERO, Marina. *Alegrías.* Salamanca: Ediciones Anaya, 1972.

SABELLA, Andrés. *Canciones para que el mar juegue con nosotros.* Santiago de Chile: Universitaria, 1964.

SALINAS, Pedro. *Pedro Salinas para niños.* Madrid: Ediciones de la Torre, 1992.

SAMANIEGO, Félix María de. *Fábulas morales.* Madrid: M. E. Editores, 1993.

SOLER FIÉRREZ, Eduardo. *Adivinanzas para niños de hoy.* Valladolid: Miñón, 1986.

— *Adivinanzas para adivinar.* Valladolid: Miñón, 1988.

— *Animalario en adivinanzas* (en colaboración con Carlos Reviejo). Madrid: Susaeta, 1990.

SOTO, Apuleyo. *Doña Noche y sus amigos.* Madrid: Fundamentos.

STORNI, Alfonsina. En *Los mejores versos para niños,* de María Romero. Santiago de Chile: Zig-Zag, 1960.

TABLADO, José Juan. En *Los mejores versos para niños,* de María Romero. Santiago de Chile: Zig-Zag, 1960.

TALLÓN, José Sebastián. En *Nuevo ritmo de la poesía infantil,* de Germán Berdiales. Buenos Aires: Hachette, 1957.

UNAMUNO, Miguel. En *Antología de Gerardo Diego.*

VALLE, Adriano del. *Sus mejores poesías.* Barcelona: Bruguera, 1955.

VÁZQUEZ, Pura. *Columpio de luna a sol.* Madrid: Ed. Boris Burebo, 1952.

— *Rondas de Norte a Sur.* Orense, 1968.

VILLAFAÑE, Javier. *Coplas, poemas y canciones.* Buenos Aires, 1938.

VILLALÓN, Fernando. *Romances del 800.* Málaga, 1929.

VIÑAS, Celia. *Canción tonta del Sur.* Almería, 1948.

WALSH, María Elena. *Tutú Marambá.* Buenos Aires: Editorial Luis Fariñas, 1965.

— *Zoo Loco.* Buenos Aires: Editorial Luis Fariñas, 1965.

[228]

Antologías

ALMENDROS, Herminio. *Fiesta.* Barcelona: Teide, 1967.

ANTOLOGÍA DE LA POESÍA ESPAÑOLA. Barcelona: AFHA, 1981.

BERGUA, José. *Las mil mejores poesías de la lengua castellana.* Madrid: Ediciones Ibéricas, 1991.

BRAVO VILLASANTE, Carmen. *Antología de la literatura infantil en lengua española* (dos tomos). Madrid: Doncel, 1969.

— *Historia y antología de la literatura infantil iberoamericana* (dos tomos). Madrid: Doncel, 1966.

BERDIALES, Germán. *Nuevo ritmo de la poesía infantil.* Buenos Aires: Hachette, 1957.

— CANCIONERO DE LA LÍRICA POPULAR. Edición de Gerardo Escudín. Barcelona: Orbis, 1983.

CELAYA, Gabriel. *La voz de los niños.* Barcelona: Laia, 1972.

DÍAZ-PLAJA, Aurora. *La isla llena.* Barcelona: Teide, 1971.

GATELL, Angelina. *Mis primeras lecturas poéticas.* Barcelona: Ediciones 29, 1983.

GIL, Bonifacio. *Cancionero infantil.* Madrid: Taurus, 1964.

LÍRICA TRADICIONAL ESPAÑOLA. Edición de M.ª J. P. Elvers. Madrid: Taurus, 1987.

MEDINA, Arturo. *El silbo del aire* (antología lírica infantil y juvenil). Barcelona: Vicens-Vives, 1979.

MORENO VILLA, José. *Lo que sabía mi loro.* Madrid: Alfaguara, 1977.

OLIVARES FIGUEROA, R. y SÁNCHEZ TRINCADO, José Luis. *Poesía infantil recitable.* Madrid: Compañía Literaria, 1994.

PELEGRÍN, Ana. *Poesía española para niños.* Madrid: Taurus, 1969.

RIBES, Francisco. *Canciones de España y América.* Madrid: Santillana, 1965.

— *Poesía de España y América.* Madrid: Santillana, 1964.

ROMERO, María. *Los mejores versos para niños.* Santiago de Chile: Zig-Zag, 1960.

SERNA, Ana. *Poesía de ayer y de hoy.* Madrid: Susaeta, 1993.

350 POESÍAS PARA NIÑOS. Buenos Aires: Atlántida, 1958.

ÍNDICE GENERAL

———○———

[230]

[232]

[234]

[236]